CATALOGUE

DES PRINCIPAUX OUVRAGES

ET DES CARTES

IMPRIMÉS SUR

LE DÉPARTEMENT DU BAS-RHIN

PAR

F. C. HEITZ,

Imprimeur-libraire.

———◦◇◦———

STRASBOURG,

IMPRIMERIE DE VEUVE BERGER-LEVRAULT, RUE DES JUIFS, 26.

CATALOGUE DES PRINCIPAUX OUVRAGES

IMPRIMÉS

SUR LE DÉPARTEMENT DU BAS-RHIN,

ET

LISTE DES CARTES DE CE DÉPARTEMENT.

Grâce à son importance, à son histoire variée et à son amour de l'étude, l'Alsace a produit un nombre considérable d'ouvrages qui la concernent. Un simple coup d'œil, jeté sur les pages qui vont suivre, suffira pour montrer ses richesses à cet égard. Cependant, malgré son étendue, l'énumération que nous donnons ici, et qui ne se rapporte qu'au seul département du Bas-Rhin, est loin d'être complète. L'abondance même des documents a dû en faire exclure un très-grand nombre. Quelle patience, en effet, pourrait suffire à enregistrer les milliers de brochures, de rapports, d'opinions, de discours, etc., etc., qu'a fait naître la révolution de 1789 ? Bien que l'intérêt plus que local d'un très-grand nombre de ces pièces ne puisse être mis en doute, cependant leur caractère fugitif, qui les a rejetées dans l'oubli, nous a déterminé à ne pas les citer, même en nous bornant à un choix restreint. Une semblable raison nous a fait omettre un grand nombre d'écrits provoqués par la Réforme et par sa polémique, quoiqu'ils aient une valeur théologique et historique. Nous n'avons pu comprendre non plus dans cette bibliographie la plupart des rapports, comptes rendus ou budgets publiés, soit par des administrations, soit par les sociétés de toute nature qui pullulent à partir du commencement du 16e siècle. Ce sont des documents qu'il peut être utile de consulter, dans leur ensemble surtout, mais qui ne pouvaient trouver de place dans le cadre qui nous est tracé.

1

Malgré ces limites commandées par la force des choses, peut-être n'échapperons-nous pas au reproche d'avoir cité trop de titres d'ouvrages. On nous pardonnera, nous osons l'espérer, si, d'un autre côté, rien de ce qu'on est en droit de chercher dans une pareille liste n'a été omis. Puisse-t-elle contribuer à entretenir l'amour des recherches historiques et montrer par l'abondance des matières, que même après les travaux de Schœpflin et de ses successeurs, il y a encore des terrains inexplorés dans l'histoire de l'Alsace.

Strasbourg, 11 juin 1858.

F. C. HEITZ,

Imprimeur-libraire.

I. HISTOIRE, GÉOGRAPHIE ET STATISTIQUE.

A. EN GÉNÉRAL.

(D'après la date de publication.)

Pelzel, F. M. *Magni Ellenhardi Chronicon* (1298), *etc. Pragæ*, 1777. In-8°.

Strobel, A. W. *De Frid. Closneri, Presb. Arg. Chronico germanico breviter agit. Argent.*, 1829. In-8°.

Clossners, Fritsche, *Strassburgische Chronik. Stuttg.*, 1842. In-8°. Avec une préface de A. W. Strobel.

Schnéegans, L. Notice sur Clossner et Kœnigshoven et leurs chroniques allemandes. Strasb., 1842. In-4°.

Code historique et diplomatique de la ville de Strasbourg. Strasb., 1843; t. Ier. In-4°.

Hertzog, Bernhardt. *Edelsasser Chronick. Strassb.*, 1592. In-fol.

Roeszlin, H. *Der Elsass und gegen Lothringen grænzenden Wasgauischen Gebirgs Gelegenheit...... besonders der Gegend von Niederbronn. Strassb.*, 1593. In-12. Avec planches.

Beyrlin. *Raeyssbuch, etc. Strassb.*, 1606. In-4°.

Zeileri, M. *Itinerarium Germaniæ nov. ant. Strassb.*, 1632. In-fol.

— *Continuatio. Strassb.*, 1640. In-fol.

Gebwilleri, J. *Panegyris Carolina. Cum ejusdem notis in quibus Alsatia et Argentoratum brevi descriptione illustrantur. Editio recognita. Argent.*, 1641. In-4°.

(Zeiler.) *Meriansche Topographia Alsatiæ, das ist Beschreibung und eigentliche Abbildung der vornehmsten Stædte und Œrter im obern und untern Elsass, etc. Frankf.*, 1644. In-fol. Avec beaucoup de gravures.

— *Anhang zur Merianschen Topographie. Frankf.*, 1654.

Hentschenius, God. J. J. *De tribus Dagobertis, Francorum regibus diatribe. Antwerp.*, 1655. In-4°.

Fabri. Dessin de la chorographie de la Haute- et Basse-Alsace. Bâle, 1663. In-4°.

Du Val, Pierre. Description de l'Alsace française. 1662. In-12.

Debus, J. H. *Diss. de Landgraviatu inferioris Alsatiæ. Argent.*, 1675. In-4°.

Han. *Das Seelzagende Elsass : das ist, Ausführlich alt und neue Beschreibung dess alt berühmten, schönen, edlen jetzt fast öden Land-Gravthums Alsatiæ oder Ober- und Unter-Elsasses, etc.* Nürnb., 1676. In-18. Avec une carte et des vues des villes.

Ursenson. *Elsass und Breisgau aus J. B. Melecci lat. Geographie gezogen und nach gegenwärtigem Zustande entworfen.* Strassb., 1679. In-18.

Von Ichtersheim, F. R. *Ganz neue Elsassische Topographia.* Regensb., 1710. In-4°.

Der neueste Staat von Lothringen, Savoyen, Ober- und Unter-Elsass, Franche-Comté oder Grafschaft Burgund, etc. Frankf. u. Leipz., 1712. In-18. Avec beaucoup de grav.

Nouveau voyage de Grèce, d'Égypte, de Palestine, d'Italie, de Suisse, d'Alsace et des Pays-Bas, fait en 1721, 22 et 23. La Haye, 1724. In-12.

Daudet. Journal du voyage de Mlle de Clermont de Paris à Strasbourg, et du voyage de la reine de Strasbourg à Paris, etc. Châlons, 1725. In-12.

Laguille, R. P. Louis. Histoire de la province d'Alsace. Strasb., 1727. 2 parties en 1 vol. in-fol. Avec planches et cartes.
Le même ouvrage en 8 vol. in-8°. Sans planches ni cartes.

Scharfenstein, M. J. F. *Historische General-Beschreibung von Ober- und Nieder-Elsass. Nebst Vorrede von Doppelmayer.* Frankf. u. Leipz., 1734. In-8°. Avec un plan de Strasbourg et une carte en 15 tableaux.

Description géographique d'Alsace. 1734. In-4°.

Schoepflin, J. D. *Alsatia illustrata. Colmariæ,* 1751-1761. 2 vol. in-fol. Avec 40 planches gravées et 3 cartes.

Lochner, J. H. *Geographische Bilderlust vom Elsass.* Nürnb., 1752. In-12 oblong. Avec grav.

Les Rêveries patriotiques d'un bon Alsacien, ou Considérations sur les priviléges anciens et modernes de la province d'Alsace, par un publiciste dudit pays. En Alsace, 1764. In-8°.

D'Expilly, abbé. Dictionnaire géographique, historique et politique des Gaules et de la France. Paris, 1762-1770. 6 t. in-fol.

Renaudin. Mémoire sur le sol, les habitants et les maladies de la province d'Alsace. Paris, 1766. In-4°.

(Pesay, marquis de.) Les soirées helvétiennes, alsaciennes et franc-comtoises. Amst., 1771. In-8°.

Schoepflin, J. D. *Alsatia diplomatica. Manhemii,* 1772. 2 vol. in-fol. Avec 20 planches gravées.

Bibliothek der besten Zeitschriften und Bemèrkungen auf verschie-
denen Reisen durchs Elsass, Wasgau nach Lothringen und dem
obern Rhein entlang. 1778-1779. In-8°. .

SALTZMANN, F. R. *Schrifttasche auf einer Reise durch Teutschland,*
Frankreich, Helvetien und Italien .gesammelt. Frankf. u. Leipz.,
1780. In-12.

Das Elsass besungen von einem Elsässer. Colmar, 1781. In-12.

(SULTZER, F. S.) *Altes und Neues oder litterarische Reise durch Sie-*
benbürgen, Ungarn, Baiern, Schwaben, Schweiz und Elsass.
S. l., 1782. In-8°.

(BILLING.) *Geschichte und Beschreibung des Elsasses und seiner Be-*
wohner von den ältesten Zeiten bis in die neuesten. Basel, 1782.
In-8°. Avec 1 carte.

WOOG, Fr. Ign. *Elsässische Schaubühne oder historische Beschrei-*
bung der Landgrafschaft Elsass. Strassb., 1784. In-8°.

Bemerkungen auf einer Reise von Strassburg nach Schafhausen.
Leipz., 1786. In-8°.

GRANDIDIER, abbé. Histoire d'Alsace. Strasb., 1787. 1er vol. In-4°.

(HORRER, A.) Dictionnaire géographique, historique et politique de l'Alsace. Strasb., 1787. 1er vol. In-4°.

(DE TÜRCKHEIM, J.) Mémoire de droit public sur la ville de Strasbourg et
l'Alsace en général. Strasb., 1789. In-4°.

(VON TÜRCKHEIM, J.) *Abhandlung des Staatsrechtes der Stadt Strass-*
burg und des Elsasses überhaupt. Strassb., 1789. In-8°.

(STUPFEL). Considérations sur les droits particuliers et le véritable intérêt de la province d'Alsace dans la présente situation politique de la
France, etc. Strasb., 1789. In-8°.

Lettre à l'auteur des Considérations, etc., par un citoyen d'Alsace.
Strasb., 1789. In-8°.

(EHRMANN, Th. F.) *Briefe eines reisenden Teutschen an seinen Bru-*
der über verschiedene Länder Europa's. Frankf. u. Leipz., 1789.
In-8°.

Briefe über das Elsass. S. l., 1792. In-8°.

Reise eines Engländers durch einen Theil vom Elsass und Nieder-
schwaben. Amst. u. Stockh., 1793. In-12.

(SCHREIBER, Aloys.) *Bemerkungen auf einer Reise von Strassburg bis*
an die Ostsee. Leipz., 1793. 2 vol. in-8°.

Geschichte und Beschreibung der französischen Niederlande, des
Elsasses und Lothringens. Leipz., 1794. In-8°.

POUGENS, Ch. Voyage philosophique et pittoresque sur les rives gauches
du Rhin fait en 1790. Paris, an III. 2 vol. in-8°.

Description physique et morale de la république française par départements, cantons et communes. N° 1, contenant le département du Bas-
Rhin. Nancy, an VIII. In-8°.

Egger. *Bemerkungen auf einer Reise durch das südliche Deutschland, den Elsass und die Schweiz. Koppenh., 1802-1809. 8 vol.
in-8°.*

Voyage de Paris à Strasbourg, et principalement dans tout le Bas-Rhin,
pour s'assurer de l'état actuel de l'agriculture et des ressources de ce
département. S. l., 1801. In-8°.

Camus. Rapport à l'Institut national d'un voyage fait, à la fin de l'an X,
dans les départements du Bas-Rhin, etc. Paris, an XI. In-4°.

Meiners, C. *Beschreibung einer Reise nach Stuttgart und Strassburg.
Nebst einer kurzen Geschichte der Stadt Strassburg während
der Schreckenszeit. Gött., 1803. In-12.*

Camus. Voyage fait dans les départements nouvellement réunis et dans
les départements du Bas-Rhin, etc., à la fin de l'an X. Paris, 1803.
2 vol. in-18. Avec gravures et cartes.

Laumond, préfet. Statistique du département du Bas-Rhin. Paris, an X.
In-8°.

Plan d'une description générale des départements du Rhin, publié par la
Société des sciences et arts de Strasbourg. S. d. In-4°.

(Friesé, J.) *Historische Merkwürdigkeiten des Elsasses, aus den
Silbermännischen Schriften gezogen. Strassb., 1804. In-8°.*

*Malerische Ansichten des ehemaligen Elsasses in radirten Kupfern
von Zix. Text von Silbermann. Strassb., 1805. In-4° oblong.* Avec
planches.

(Peuchet et Chanlaire.) Description topographique et statistique de la
France. Paris, 1808. In-4°.

(Horst.) *Versuch einer kurzen Beschreibung des Elsasses. Strassb.,
(1810). In-12.*

Stoeber, E. *Bemerkungen über das Elsass, veranlasst durch deutsche Zeitungsartikel. Strassb., 1814. In-8°.*

De Jouy. L'hermite en province. Paris, 1818-1827. 14 vol. in-12. Avec
cartes et grav. (Tome II°, l'Alsace.)

Tableau alphabétique des communes du département du Bas-Rhin. Strasb.,
1821. In-4°.

(Strobel, A. W.) *Kurze Geschichte des Elsasses. Strassb., 1822.
In-12.*

Strobel, A. G. Topographie abrégée de l'Alsace, suivie d'un précis de
l'histoire de ce pays. Strasb., 1823. In-8°.

Strobel, A. W. *Kurze topographische Beschreibung des Ober- und*

Niederrheins, nebst einer kleinen Chronik dieser beiden Departemente. Strassb., 1823. In-12.

(Merlin.) Promenades alsaciennes. Paris, 1824. In-8°. Avec lith.

De Kentzinger. Strasbourg et l'Alsace, ou choses mémorables des vieux temps. Strasb., 1824. In-8°.

Schreiber, Al. *Handbuch für Reisende am Rhein von Schaffhausen nach Holland. Heidelb.*, 1824. Avec cartes et plans.

Aufschlager, J. F. L'Alsace. Nouvelle description historique et topographique des deux départements du Rhin. Strasb., 1825-1826. 3 vol. in-8°. Avec grav. et cartes.

— *Das Elsass. Neue historisch-topographische Beschreibung der beiden Rhein-Departemente. Strassb.*, 1825-1826. 3 vol. in-8°. Avec grav. et cart.

Dietz, B. Précis abrégé de l'histoire d'Alsace. Strasb., 1825. In-12.

(Chauffour.) Histoire d'Alsace. Traduction abrégée de Schœpflin. Colmar, 1825-1829. 4 parties in-12.

Schreiber, Al. Manuel de poche du voyageur sur le Rhin, depuis sa source jusqu'à Mayence. Avec la description de l'Alsace par J. F. Aufschlager. Heidelb., 1825. In-16. Avec carte.

(Vinaty.) Résumé de l'histoire d'Alsace. Paris, 1825. In-18.

Schreiber, Al. *Taschenbuch für Reisende von der Quelle des Rheins bis Mainz. Nebst einer ausführlichen Beschreibung des Elsasses von J. F. Aufschlager. Heidelb.*, 1825. In-16. Avec carte.

Reiner. Observations sur le style propre aux constructions publiques du Bas-Rhin. Strasb., 1826. In-8°.

Première lettre à M. de Jouy, sur l'Alsace. Strasb., 1827. In-8°.

Schreiber, Al. Nouvel itinéraire portatif des bords du Rhin. Paris, 1828. In-18.

Lettre d'un ex-canonnier à un vieux canonnier. Strasb. (1827). In-8°.

Schreiber, Al. *Sagen aus den Gegenden des Rheins, des Schwarzwaldes und der Vogesen. Heidelb.*, 1829. 2 vol. in-8°.

Trémadure (Mlle). Les Alsaciens ou six semaines de vacances. Paris, 1839. 2 t. in-12. Avec gravures.

Dietz, B. *Kurzer Abriss der Geschichte des Elsasses. Strassb.*, 1831. In-12.

Liste alphabétique des communes du département du Bas-Rhin. Paris, 1833. In-fol.

France pittoresque (Département du Bas-Rhin). Paris, 1833. In-4°. Avec 4 grav.

Guadet. Description statistique, géographique et topographique du Bas-Rhin. Paris, 1834. In-8°.

Ragon, F. Précis de l'histoire d'Alsace. Paris, 1834. In-18.

Klein, J. A. *Rheinreise von Strassburg bis Rotterdam. Kobl.*, 1834. In-12. Avec 12 vues et 1 carte.

Chasserot. Promenades en Alsace d'un père avec ses enfants. Paris, 1835. In-12.

Massias, baron. Lettre sur Strasbourg et l'Alsace. Strasb., 1836. In-8°.

Richard, R. A. Histoire d'Alsace. Colmar, 1836. 2 livr. in-8° (tout ce qui a paru).

Geib, K. *Malerische Wanderungen am Rhein von Constanz bis Cöln... durch einen Theil des Schwarzwaldes, von Basel bis in die Gegend von Strassburg, etc. Carlsr.*, 1838. In-16. Avec 96 grav. sur acier.

Guide pittoresque du voyageur en France : départements du Haut- et Bas-Rhin. Paris, 1839. In-8°.

Guide indispensable du voyageur par les chemins de fer d'Alsace. Mulh., s. a. In-18.

Vanhuffel. Documents inédits concernant l'histoire de France et particulièrement l'Alsace et son gouvernement sous le règne de Louis XIV. Paris, 1840. In-8°.

Wehrhan, O. Fr. *Umschau in Deutschland, Frankreich und der Schweiz. Leipz.*, 1840. In-12.

Nouveau Guide du voyageur depuis Bâle jusqu'à Londres. Strasb. (1840). In-18. 2 vol., fr. et all.

Schmidt. *Der Flüchtling, seine Schicksale und Erfahrungen in der Schweiz und im Elsass. Hagenau*, 1841. 3 livr. in-8°.

Jæger, C. *Briefe und Bilder aus dem Grossherzogthum Baden und dem Elsass. Leipz.*, 1841. 2 vol. in-8°.

Spach, L. Rapports sur les archives de l'Alsace. Strasb., depuis 1840 à 1848 et 1857. In-4°.

Hunckler. Abrégé de l'histoire d'Alsace, à l'usage de la jeunesse. Colmar, 1840. In-18.

Strobel, A. W. *Vaterländische Geschichte des Elsasses von der frühesten bis auf die gegenwärtige Zeit. Strassb.*, 1841-1849. 6 vol. in-8°.

(Pascal, J. J.) Mœurs alsaciennes. Vie de Strasbourg. Épître. Strasb., 1842. Gr. in-8°.

Fuessli, W. *Zürich und die wichtigsten Städte am Rhein, mit Bezug auf alte und neue Werke der Architektur, Sculptur und Malerei. Zürich*, 1842. In-8°.

Manuel du voyageur. Chemin de fer de Strasbourg à Bâle et bateaux à vapeur de Cologne. 1842. In-18.

STOEBER, Aug. *Elsässisches Sagenbuch. Strassb.*, 1842. In-8°. Avec un atlas in-4°.

Petit Manuel du voyageur en Alsace. Strasb., 1843. In-18.

SIMON, E., et MÜLLER, Th. Panorama des Vosges et du chemin de fer de Strasbourg à Bâle. Strasb., 1844. In-fol. oblong. Avec 14 planches lith. — Notice sur le Panorama des Vosges, etc. Strasb., 1844. In-8°.

DE ROUVROIS. Voyage pittoresque en Alsace par le chemin de fer de Strasbourg à Bâle. Mulhouse, 1844. Gr. in-8°. Avec grav. sur bois.

Itinéraire de Strasbourg à Bâle. 1844. In-8°.

JACOBINY, *Mittheilungen über eine zu baulichen Zwecken unternommene Reise nach Strassburg. Berlin*, 1844. In-4°. Avec 5 planches.

Neuester Wegweiser für die Reise von Basel nach London. Strassb., 1844.

MICHEL, A. Précis de la géographie de l'Alsace. Mulhouse, 1845. In-12. Avec 2 cartes.

ENGELHARDT, L. H. *Geschichte des Elsasses während der Revolution und des Kaiserthums. Strassb.*, 1849. In-8°.

HENDSCHEL. *Topographisches Rhein-Panorama von Schaffhausen bis zur Nordsee. Frankf.*, 1845. In-8°.

WAAGEN, Dr, G. F. *Kunstwerke und Künstler in Baiern, Schwaben, Basel, dem Elsass und der Rheinpfalz. Leipz.*, 1845. In-8°.

LANGE, L. *Der Rhein und die Rheinlande, dargestellt in malerischen Original-Ansichten. Darmst. u. Wiesb.*, 1846-1852. 3 t. gr. in-8°. Avec 257 grav. sur acier, par Appel.

BIÉCHY. Gaultier le statuaire. Chronique alsacienne du 14e siècle. Strasb., 1847. In-12.

TROMBLESONS. *Upper-Rhine. London*, s. a. In-8°. Avec 70 belles grav. sur acier.

RAVENÈZ, L. W. Schœpflin : l'Alsace illustrée et traduite. Mulhouse, 1853-1854. 4 vol. in-8°. Avec grav.

SPACH, L. Causeries littéraires sur la traduction de l'Alsace illustrée, par Ravenèz. Colmar, 1853. In-8°.

Recueil de légendes, chroniques et nouvelles alsaciennes. Mulhouse, 1849. In-12.

BENEDIX, H. *Handbuch für die Reise von Rotterdam bis Strassburg. Wesel*, 1850. In-12. Avec cartes.

BÆDER, B. *Volkssagen aus dem Lande Baden und den angränzenden Ländern. Carlsruhe*, 1851. In-8°.

STOEBER, Aug. *Die Sagen des Elsasses. Sankt-Gallen*, 1851. In-8°. *Mit einer Sagenkarte von J. Ringel.*

BAQUOL, J. L'Alsace ancienne et moderne, ou Dictionnaire historique et statistique du Haut- et du Bas-Rhin. Strasb., 1849. In-8°.

— Seconde édition. 1851.

Statistique quinquennale de l'arrondissement de Strasbourg. Strasb., 1852. In-fol. oblong.

STOEBER, Aug. Remarques sur les dénominations celtiques de quelques cours d'eau d'Alsace. Colmar, 1854. In-8°.

BAQUOL, J. Guide du voyageur sur le chemin de fer de Strasbourg à Bâle. Strasb., 1854. Avec 42 vues.

MOLÉRI. Guide itinéraire de Paris à Strasbourg, à Reims et Forbach. Paris, 1854. In-12. Avec 80 vignettes.

VOULOT, F. Petite géographie physique et politique des départements du Haut- et du Bas-Rhin. Strasb., 1854. In-18.

BERNARD, F. Guide itinéraire de Strasbourg à Bâle. Paris, 1854. In-12. Avec 50 vignettes.

BOYER, X. Histoire d'Alsace, depuis les temps les plus reculés jusqu'à nos jours. Strasb., 1855. In-8°.

———

SCHOEPFLINI, J. D. *Vindiciæ typographicæ; Argent.,* 1760, et 2e édition de 1764. In-4°.

LICHTENBERGER, J. F. *Initia typographica; Argent.,* 1811. In-4°.

— Histoire de l'invention de l'imprimerie. Avec une préface de J. G. Schweighæuser; Strasb., 1825. In-8°. Avec planches.

— *Geschichte der Erfindung der Buchdruckerkunst. Mit einer Vorrede von J. G. Schweighæuser; Strasb.,* 1825. In-8°. Avec planches.

DORLAN, A. Quelques mots sur l'origine de l'imprimerie, ou résumé des opinions qui en attribuent l'invention à Jean Mentel; Schlestadt, 1840. In-8°. Avec supplément et 6 fac-simile.

DE LABORDE, Léon. Débuts de l'imprimerie à Strasbourg, ou recherches sur les travaux mystérieux de Gutenberg dans cette ville, et sur le procès qui lui fut intenté en 1439 à cette occasion. Paris, 1840. In-8°. Avec figures.

———

(DE BOURG.) Recueil des édits, déclarations, lettres patentes, arrêts du Conseil souverain d'Alsace. Colmar, 1775. 2 vol. in-fol. (depuis 1647 à 1770).

Recueil d'ordonnances du roi et règlements du Conseil souverain d'Alsace depuis 1657 à 1738. Colmar. In-fol. *1738*.

Essai de recueil d'arrêts notables du Conseil souverain d'Alsace. 1740.

Notes d'arrêts du Conseil souverain. Colmar, 1742. 3 vol. in-8°.

Arrêt notable sur une question d'aubaine. Colmar, 1744. In-8°.

BALLET. Conférences sur les ordonnances, etc., des arrêts du Conseil souverain d'Alsace. Colmar, 1788. In-8°.

Remontrances au roi sur les impositions de la province d'Alsace. 10 avril 1764. In-12.

Remontrance au roi sur l'édit du mois d'avril 1768. Colmar, 1769. In-12.

FRANTZ, Joh. *Feudorum ambachtæ in Alsatia primæ lineæ. Argent.*, 1787. In-8°.

Traité sur la nature des biens ruraux dans les deux départements du Rhin, ci-devant Alsace. Strasb., s. d. In-4°.

AGON DE LACONTRIE. Ancien statutaire d'Alsace, ou Recueil des actes de notoriété. Colmar, 1825. In-12.

GERRIER, A. Manuel à l'usage des maires d'Alsace. Strasb., 1830. In-12.

LOBSTEIN, J. F. Manuel du notariat en Alsace, depuis les temps les plus reculés jusqu'à nos jours. Strasb., 1844. In-8°.

Tarif des honoraires des notaires de l'arrondissement de Strasbourg. Strasb., 1845. In-8°.

VÉRON-RÉVILLE. Essai sur les anciennes juridictions d'Alsace. Colmar, 1857. In-8°.

HEILMANN, A. Les paysans d'Alsace, l'impôt et l'usure. Strasb., 1853. In-8°.

Observations d'un Alsacien sur l'affaire présente des juifs d'Alsace. Francf., 1779. In-18.

BETTING DE LANCASTEL. Considérations sur l'état des juifs, particulièrement en Alsace. Strasb., 1824. In-8°.

WITTERSHEIM, P. Mémoire sur les moyens de hâter la régénération des israélites de l'Alsace. Metz, 1825. In-8°.

TOURETTE. Discours sur les juifs d'Alsace. Strasb., 1825. In-8°.

CARONDELET. Tables de réduction. Strasb., an X. In-8°. (Cet ouvrage contient les poids et mesures anciennement en usage en Alsace.)

Vergleichung der alten Maassé des Niederrheins mit dem neuen französischen Maas-System. Strassb., 1803. In-8°.

VON BERSTETT. *Versuch einer Münzgeschichte des Elsasses. Freib.*, 1840. In-4°. Avec 16 planches.

— *Nachtrag als Ergänzung zum Versuch. Freib.*, 1844. In-4°. Avec 3 planches.

Costumes de l'Alsace et du grand-duché de Bade, dessinés par un amateur. Strasb., 1835. In-4°. Avec 12 pl. col.

Collection des costumes nationaux. Strasb., 1835. In-fol.

Michiels, Alf. Les bûcherons et les schlitteurs des Vosges. Strasb., 1857. Avec 43 lithographies par Th. Schuler.

B. HISTOIRE ECCLÉSIASTIQUE.

Coccius, Jodocus, *e Soc. Jésu. Dagobertus rex, Argentinensis ecclesiæ fundator prævius. Molsh.*, 1623. In-4°.

Mémoires historiques sur le règne des trois Dagoberts, au sujet des fondations de plusieurs églises d'Alsace, et particulièrement de la fondation de Haslach et la vie de S. Florent. Strasb., 1727. In-8°.

Wimpheling, J. *Argentinensium episcoporum catalogus cum eorumdem vita atque certis historiis rebusque gestis, etc. Argent.; Jo. Grieninger, 1508. In-4°.*

— *Henrici de Hagenoia de vita et moribus episcoporum, etc. Argent., Renatus Beck, 1512. In-4°.*

— *Catalogus episcoporum Argentinensium, etc., restituit Moscherosch. Argent., 1651. In-4°.*

Guillimani, Fr. *De episcopis Argentinensibus. Frib., 1608. In-4°.*

Pleister, J. *Adumbratio hierarchiæ ecclesiasticæ episcopatus Argentinensis. Argent., 1663. In-4°.*

Registrum Episcopatus et diocesis Argentinensis, excerptum præcipue ex visitationibus episcopalibus. Argent., 1778. Gr. in-fol.

Grandidier. Histoire de l'église et des évêques-princes de Strasbourg. Strasb., 1776-1778. 2 vol. in-4°.

Das Bisthum Strassburg. Goslar, 1858. In-8°.

Diurnale ecclesiæ argentinensis. S. a. et l. In-16.

(Horrer.) *Breviculum jurium episcopatus Argentinensis. S. l. et d.*

Formula examinis ecclesiastici, ab Erasmo, Argentinensi antistite conscripta ad postulatorium venerabilium illustrium dominorum capituli primarii templi et aliorum collegiorum secundarii cleri Argentinensis 1560. Moguntiæ, 1566. In-fol.

Statuta et decreta synodi dioces. Argentoratensis. Moguntiæ, 1566. In-fol.

Neunheuser. Aliqualis delineatio status ecclesiastici Argentinensis. Molshemii, 1661. In-fol.

Statuta et leges chori cathedralis ecclesiæ Argentinensis. Argent., 1694. In-4°.

Supplementum breviarii romani in usum diocesis Argentinensis. Strasb., s. d. In-12.

(Belhomme, Humbert.) *Historia Mediani in monte Vosago monas-
terii ordinis S. Benedicti, etc. Argent.,* 1724. In-4°. Avec 3 grav.

*Rituale Argentinense auctoritate Card. de Rohan, episcopi et prin-
cipis Argentinensis. Argent.,* 1742. In-4°.

Proprium Sanctorum diocesis Argentinensis. Argent., 1758; *idem,*
1822. In-12.

*Regulæ ac preces sodalii, ad usum scholasticorum Collegii regii
Argentinensis. Argent.,* 1774. In-18.

Saurine, évêque. Règlement pour l'organisation de l'administration du
diocèse de Strasbourg. Strasb., 31 mars 1803. In-4°.

Organisation du diocèse de Strasbourg, comprenant les départements
du Haut- et du Bas-Rhin. Strasb., 1803. In-8°.

Hunckler. Histoire des saints d'Alsace. Strasb., 1837. In-8°.

Hunckler. *Leben der Heiligen des Elsasses. Colmar,* 1839. In-8°.

Bildliche Darstellung der Heiligen (im Elsasse). Strassb., 1841.
In-8°. 10 livraisons. Avec 60 planches.

Gumpelzheimer. *Evangelische Religionsgeschichte des Hohen Stifts
Strassburg. Mecklenburg,* 1794. In-8°.

Roehrich, F. W. *Geschichte der Reformation im Elsass und besonders in Strassburg. Strassb.,* 1820-1832. 4 livr.; 3 tomes in-12.
Avec 4 portraits.

(Haas). *Blicke in die Geschichte der Reformation in Strassburg.
Speier,* 1834. In-8°.

Jung, A. *Geschichte der Reformation in Strassburg und der Aus-
breitung derselben in den Gemeinden des Elsasses. Strassb.,* 1830.
In-8°.

De Bussierre, le vicomte Th. Histoire de l'établissement du protestan-
tisme à Strasbourg et en Alsace, d'après des documents inédits. Paris,
1856. In-8°.

Beck. *Geschichte der Reformation in Strassburg. Strassb.,* 1817.
1re livraison. In-8°.

Hackenschmidt, Ch. *Die Reformation in Strassburg. Strassb.,* 1846.
In-18. Avec lith.

Jung, J. Fr. Histoire de la réformation à Wissembourg, précédée d'une
Notice historique sur cette ville, jusqu'au 16e siècle. Strasb., 1841.
In-4°.

Walther, C. F. Histoire de la réformation et de l'école littéraire à Sélestadt,
accompagnée de quelques Notices historiques sur cette ville. Strasb.,
1843. In-4°.

Bekanntnuss der vier Frey- und Reichstädt Strassburg, Constanz,

Memmingen und Lindau auf dem Reichstag zu Augsburg. Strassb., 1534. In-4°.

Kirchenordnung der Grafschaft Hanau und Herrschaft Lichtenberg. Strassb., 1573. In-4°.

Sturmii, J. *Confessio augustana Argentinensis. Neustadt, Matth. Harnisch*, 1581. In-4°.

Kirchenordnung der Kirche zu Strassburg. Strassb., 1598. In-4°.

Hagenauischer Vertrag über die streitigen Sachen des Bistums und Thumbstifts Strassburg anlangend. Beilage N° 1, 1604; N°s 2 et 3, 1608. In-4°.

Idem, de 1604, 1620 à 1627. In-4°.

Vertrags-Artikel zwischen den römisch-katholischen und den augsburgischen Confessionsverwandten der Stadt Strassburg und hohen Thumb-Stift daselbst, etc. 1605. In-4°.

Wegelin. *Hanauische vermehrte Kirchen- und Schul-Ordnung, Strassb.*, 1659. In-4°.

Bebelii, B. *Antiquitates Germaniæ primæ, et in hoc Argentoratensis ecclesiæ evangelicæ. Argent.*, 1669. In-4°. Avec gravures.

Revidirte Kirchen-Ordnung. Strassb., 1670. In-4°.

Forma der Ceremonien in der Kirche zu Strassburg. Strassb., 1672. In-18.

Boegner, Ch. F. Études historiques sur l'Église protestante de Strasbourg, considérée dans ses rapports avec l'Église catholique de 1681 à 1727. Strasb., 1851. In-8°.

Schmidt, Ch. Mémoire d'un jésuite pour la conversion de la ville de Strasbourg, en 1686. Paris, 1854. In-8°.

Unselt. *Die Verfassung der niederen Schulen und Kirchen zu Strassburg. Strassb.*, 1772, 1779 u. 1787. 3 vol. in-8°.

Forma der Ceremonien, Lectionen und Gebete bey den Predigten in der Kirche zu Strassburg. Strassb., 1774. In-8°.

Gieseler. *Die protestantische Kirche in Frankreich von* 1787 *bis* 1846. *Leipz.* 2 vol. in-8°.

Monet, P. F., maire de Strasbourg. Les prêtres abjurant l'imposture. Strasb., an II. In-8°.

— *Die Priester wollen Menschen werden. Strassb.*, an II. In-8°.

Engel, Ph. J. *Beiträge zur Geschichte der neuesten Religions-Revolution in Strassburg. Strassb.*, 1794. In-8°.

Responsum facultatis theologicæ Friburgensis. De veritate sacramentorum, etc., quæ jurati sacerdotes in Alsatia ministrant. S. l., 1798. In-8°.

Epistola doctoris sacræ facultatis Parisiensis ad doctores facultatis theologicæ Friburgensis de responso ab ipsis dato parocho cuidam cisrhenano. S. l., 1798. In-8°.

Neue Einrichtung des protestantischen Kirchenwesens im ober- und niederrheinischen Departement. Strassb., 1802. In-8°.

Boeckel, Jonas. *Verfassung der Kirche A. C. in Frankreich und der ref. Kirche im Elsass.* Strassb., 1824. In-8°.

Roehrich, T. W. *Mittheilungen aus der Geschichte der evang. Kirche des Elsasses.* Strassb., 1855. 3 vol. in-8.°

C. GUERRE ET ÉVÉNEMENTS POLITIQUES.

Ravenèz, L. W. Mémoire adressé à l'Académie de Rheims sur cette question : Est-ce bien à Tolbiac que Clovis a remporté la victoire à la suite de laquelle il s'est fait chrétien ? Ne serait-ce pas plutôt sous les murs de Strasbourg (l'*Argentorat* des anciens) qu'elle a eu lieu ? Rheims, 1857. In-8.°

Serments prêtés à Strasbourg en 842 par Charles le Chauve, Louis le Germanique et leurs armées respectives. Paris, 1845. In-8°.

(Ramond de Carbonnière.) La guerre d'Alsace pendant le grand schisme d'Occident (A. 1089), etc. Drame historique. Bâle, 1780. In-8°. Avec 2 grav.

Hugo VII, Graf von Egisheim. Ein historisches Drama aus dem Französischen (von Ramond de Carbonnière). *Regensburg*, 1781. In-12.

Schoenhuth, O. F. H. Les frères de Géroldseck au combat de Strasbourg pour leur indépendance. Trad. de l'allemand par Fieche. Heilbronn, 1844. In-18.

Roth von Schreckenstein, C. H. *Herr Walther von Geroldseck, Bischof von Strassburg (A. 1261-1263). Tübingen*, 1857. In-8°.

Strobel, A. W. *Godefridus ab Ensningen, Relatio de conflictu in Husbergen.* Strassb., 1841. In-8°.

Lairiz. *Commentatio historica de Armeniacis vulgo Arme Gecken* (1444). *Bas.*, 1677.

Strassburgischer Antheil an dem Burgundischen Kriege, von 1471-1477. In-8°.

Guerre des paysans.

L'histoire et recueil de la triomphante et glorieuse victoire, etc. 1526. In-fol.

Artikel der Bauernschaft von welchen sie sich beschwert vermeinen. S. d.

Pilladii, Laur. *Rusticiados libri VI: In quibus illustrissimi Principis*

Antonii Lotharingiæ, Barri et Gheldriæ ducis gloriosissima de seditiosis Alsatiæ rusticis victoria copiose describitur. Metis, 1548. In-4°.

FLEISCHMANN. *De tumultibus rusticanis sæculo XVI motis. Vom Bauernkrieg. Argent.;* 1712. Thèse. In-4°.

SCHNEIDER. Considérations sur la guerre des paysans. Strasb., 1838. In-4°.

DE BUSSIERRE, le vicomte Th. Histoire de la guerre des paysans. Plancy, 1852. 2 vol. in-8°.

GERARDUS NOVIOMAGUS. *In Christianum fœdus Helvetiorum et Argentinensium.* Poésie latine et allemande. 4 feuille entourée des armes suisses. *1530.

Acten und Gerichtshandlungen zwischen Georg Philipsen v. Hanau, dem Cläger an eynem, und Meyster und Rath der Stadt Strassburg Antworten am andern teyl, den Zug gen Wilstetten und Felix Johms Gefangnus belangendt. S. l. et a. (1539). In-fol. (et 6 pièces y relatives).

Neue Zeittung des Kriegs und Zugs zwischen ... dem Kœnig von Frankreich, etc., im Jahr 1544. In-4°.

SPACH, L. Deux Voyages d'Elisabeth d'Autriche, épouse de Charles IX, reine de France. (1570 à 1576). Colmar 1855. In-8°. 2e parties.

Guerre de 1592.

Bericht über die Uebergebung der Stadt Molsheim. 1592.

Strassburgische Newe Zeitung von dem Lothringischen Krieg, etc. 1592. In-4°.

Kurzer wahrhaftiger Bericht von Uebergebung und Aufnemung der Stadt Moltzheim; auf Abzug der Lothringischen Garnison daselbst geschehn den 15 *Nov.* 1592. S. l., 1592. In-4°.

Treuherzige Erinnerung betreffend das jetzige sorgliche Kriegswesen in dem uralten hochlöblichen Bistumb Strassburg und Landgrafschaft Elsass. S. l., 1592. In-4°.

PHILOGANUS, J. J. *Gründlicher Discurs uff die kriegerische Erklärung im Puncte des angezogenen Abfalls und Neuerungen, wie auch des jetzigen Elsassischen erbärmlichen Kriegswesens. S. l.,* 1592. In-4°.

Kurzer und beständiger Bericht von dem rechten Anfang und wahrhaften Ursachen der jetzigen Unruhe im Bistumb und Stift Strassburg. Strassb., 1592. In-4°.

Réveille - matin, das ist Morgen - Weckerlin, von dem jetzigen

traurigen Zustand im Elsasse und Bistumb Strassburg, etc. S. l.,
1592. In-4°.

*Der Krieg der Stadt Strassburg mit dem Cardinal von Lothringen
im Jahr 1592 u. ff. Strassb.,* 1839. Gr. in-4°. 16 Chansons sur la
guerre de 1592. S. l. In-12.

*Wahrh. Zeitung alles was sich zugetragen hat im Bistumb Strass-
burg : wie Dachstein, Mutzig, etc., sind belagert und eingenommen
worden* 1610. *Frankfurt a. M.,* 1610. In-4°.

*Relatio historica von dem Krieg im Bistumb Strassburg, so sich
erhoben und angefangen. Strassb.,* 1610. In-4°.

*Copia des Rezess, welcher mit den prot. Chur- und Fürstenabge-
sandte zu München aufgericht worden ; sammt Beschreibung
desjenigen, was sich bei Belagerung der Stett Dachstein, Molsheim, etc., verloffen.* S. l., 1611. In-4°.

Guerre de trente ans.

*Glaubenswürdige Abschrift des Aschaffenburger Vertrags... erst-
lich mit der Stadt Strassburg, etc., im Jahr* 1621 *ist aufgericht
und bekräfftiget worden.* S. l., 1623. In-4°.

*Ein Klag- und Beschwernuss-Schreiben der 3 freyen Reichs-Städt
Strassburg, Nürnberg und Ulm an Herrn Johann Georg, Chur-
fürsten zu Sachsen, etc.* S. l., 1622. In-4°.

Scherii, Guil. *Gigantomachia Mansfeldiana s. de obsidione Taber-
nensi in Alsatia, quam nepos Mansfeldius Ernestus, A.* 1622, *etc.,
tentaverunt. Mogunt.,* 1629. In-4°. (*Carmina hexam.*).

Puncten des Accords, worüber die Vestung Benfelden übergeben.
S. l., 1632. In-4°.

Coerber, M. J. *Göttlicher Siegs- und Ehrenfahnen bei der Eroberung
von Schlettstadt.* S. l., 1632. In-4°.

—   *Laurus Benfeldiana, oder evangel. Freud- und Dank-
predigt in Benfeld gehalten als diese Festung von
Gustav Horn erobert worden. Strassb.,* 1633. In-4°.

(Spanheim). Le Soldat suédois. Genève, 1633. In-12°.

Schaffartus, Fab. *Christl. Danksagungspredigt wegen erhaltenen
Victorien ob Pfaffenhofen. Strassb.,* 1633. In-4°.

*Triumphus Gustavo-Hornicus de gloriosa occupatione Benfeldiæ.
Argent.,* 1633. In-4°.

Rheingræfliche Victorie im Elsass. 2 Mærz 1634. S. l. et a. In-4°.

*Declaratio legatorum statuum Imperii supra translatione land-
graviatus Alsatiæ ad regnum Galliæ.* S. l., 1648. In-fol.

Hallez-Claparède, le baron. Réunion de l'Alsace à la France. Paris, 1844.
In-8°.

Kurtze und gründliche Erzählung wie H^r Pfaltzgraff Adolph Johann den Graffen von Leiningen in seinem Schloss Oberbronn überfallen. S. l. (1669). In-4°.

Gründliche Beantwortung derjenigen Erzählung so wegen der Occupirung von Oberbronn, etc. S. l., 1669. In-4°.

Gräfflich Leiningische beständige Widerlegung der ... Beantwortung des Landfriedlichen Ueberfalls des Schlosses und Fleckens Oberbronn. S. l., 1669. In-4°.

Continuatio der wöchentl. politischen Discursen von dem Kriegs- und Friedens-Stant in Europa, A. 1673. Cont. der Stadt Strassburg Schreiben an Kays. Maj. worin sie sich beklagt, dass ihr vom König in Frankreich anbefohlen werde, ihre Brücke wieder abzubrechen, etc. Antwort der Kays. Maj. Frankf. (1673). In-4°.

FRITSCHMANN. *Rede im Namen des Königs von Frankreich, zu Strassburg gethan wegen der Rheinbrücke. Strassb.,* 1673. In-4°.

Extract Schreibens aus Strassburg, den 22sten Mai 1673. S. l. In-4°. (Fermeture du Rhin.)

Relatio des bei Ensisheim im Unter-Elsass, den 24sten Sept. 1674 *vorgegangenen Treffens.* S. l. In-4°.

Véritable relation du combat donné près d'Ensisheim en la Basse-Alsace le 24 sept. 1674. S. l. In-4°.

(BERNEGGER). *Wahrhaftige und unpassionirte Relation von dem blutigen Treffen bei Ensisheimb, im Untern Elsass.* 1674. S. l., 1675. Fol.

Relation alles dessen was vor und in der Belagerung des Rheinbrückenpasses Kähl zwischen der Garnison von Strassburg und der französischen Armee passirt ist. Sodann das Créqui'sche Journal. S. l. (1674). In-4°.

Ein Klag-Lied der Stadt Strassburg wegen des feindlichen Ueberfalls des Königl. Franz. Gl. Lt. Voubron, welcher den 14-24 Sept. 1674 *feindlicher weiss in die Ruprechtau ist eingebrochen, etc.* S. l., 1674. In-8°.

Copia Schreibens aus Strassburg. An einen vertrauten Freund de dato 23 Sept. - 3 Oct. 1674. S. l. In-4°.

Epistola amici ad amicum. (Arg.) 1674. In-4°.

Relation von der Ruptur der Neutralitæt der Stadt Strassburg. 18 Sept. 1674. S. l. In-4°.

Wahrhafte u. eigentliche Relation dessen, was sich zwischen der kayserlichen Armee unter dem Commando des Generals Montecuculi u. der k. französischen Armee unter Maréchal Turenne

*von dem 24 Juli bis zu dem 24 Aug. 1675 ohnweit Strassburg vor-
nemlich zugetragen.* S. l. In-4°.

*Vorstellung vom Kayserl. Marsch vom Kochersberg an die Ill und
Logirung auf die Teutsche Au.* S. l., 1675. In-fol.

*Kayserliche und Französische Kriegserklärungen. Zweite Con-
tinuation von dem kayserlichen Marsch von Elsass-Zabern bis
an die Lauter bei Cronweissenburg.* Strassb., 1676. In-4°.

*Id. Dritte Continuation aus dem kays. Feldlager bei Cron-Weissen-
burg.* Strassb., 1676. In-4°.

*Continuation derjenigen Verrichtungen zwischen den Kayserl. und
Königl. Französchen Waffen, etc.* Strassb., 1676. In-4°.

Véritable relation en forme de lettre écrite à un ami à Paris du camp de
l'armée de S. M. T. C. de St. Jean-des-Choux près de Saverne qui
contient tout ce qui s'est passé entre les deux armées. (Bataille près
de Saverne en Juin 1676.) S. l., 1676. In-4°.

*Französ. Verstörung der Statt Hagenau, A. 1677. Ingleichen ein
Memoriale welches bey dem Mordbrenner de la Brosse gefunden
worden, etc.* S. l. et a. In-4°.

Erzehlung von Hinrichtung des Mordbrenners de la Brosse (1677).
S. l. In-4°.

CARLET DE LA ROZIÈRE. Campagne de M[r] le Maréchal de·Créqui en Lorraine
et en Alsace en 1677. Paris, 1764. In-12.

*Französische Plünderung und Verbrennung der Stadt Cron-Weis-
senburg.* S. l., 1677. In-4°.

*Jämmerliche Zerstörung der bischöfl. Strasburgischen uralten
Residentzstadt Zabern, welche im Majo des lauffenden 1677 Jahrs
von den im Elsass liegenden Franzosen werkstellig gemacht worden.* S. l. et a. In-4°.

*Beschreibung der Eroberung der Strassburgisch diess- u. jenseits des
Rheins gelegenen Schanzen.* S. l., 1678. In-4°.

Manifeste de M[r] le Maréchal de Créqui contre la ville de Strasbourg. 1678.
In-4°.

*Copey eines Manifests so der Herr Maréchal de Créquy zu Zabern
u. Schlettstadt anschlagen liessen, etc.* 17 Aug. 1678. S. l. In-4°.

*Vera et genuina historia occupatorum per vim hostilem munimen-
torum quibus Rheni apud Argentoratum trajectus ultra citrave
claudebatur.* A. 1678. (Juli et Aug.) (Arg.) In-4°.

Relation de l'attaque et de la prise des forts tant en deçà qu'au delà du
Rhin appartenant à la République de Strasbourg, par l'armée de France
commandée par M. le Maréchal de Créquy. S. l. (1678). In-4°.

Eigentliche u. wahrhafte Beschreibung der Feindlichen Vergwaltig-

und Erbauung derer strassburgischen und jenerer seits Rhein gele-
genen Schanzen. S. l., 1678. In-4°.

Kurze jedoch gründliche u. wahrhaffte Widerlegung des von dem
Maréchal Créquy wider die Stadt angeschlagenen Manifestes.
21 *Aug.* 1678. S. l. In-4°.

Verzeichniss dessen was Frankreich wieder restituiren soll. S. l.,
1679. In-4°.

Arrest der königlichen Cammer zu Breisach dass der König in
Possession der Souverainetät des Untern-Elsasses, etc., wird ein-
gesetzt werden. 9 *Aug.* 1680. S. l. In-4°.

Déduction succincte faisant voir pourquoi les terres de la Républ. de
Strasbourg situées en la Basse-Alsace ne peuvent être comprises sous
la souveraineté de la Couronne de France. S. l., 1680. In-4°.

Kurtze u. gründliche Deduction derjenigen Ursachen, warumb des
h. R. R. fr. Stadt Strassburg in Elsass gelegenen Güter u. Herr-
schaften nicht unter die k. franz. Souverainete können oder sollen
begriffen werden. S. l., 1680. In-4°.

Réunion de Strasbourg à la France.

Coste. Réunion de Strasbourg à la France, avec les documents de ce qui
s'est passé à Strasbourg de 1678 à 1682. Strasb., 1841. In-8°.

Politisches Bedenken über das Schreiben dessen Titel ist: Von wem
und durch wen der Kayser und das Reich verrathen. Strassb., 1681.
In-4°.

Abrégé historique de la ville de Strasbourg, suivi de la relation de la red-
dition de Strasbourg arrivée le 30 Sept. 1681. S. l., 1781. In-4°.

Kurze historische Beschreibung von der Stadt Strassburg und von
der Uebergabe an die Krone Frankreich, den 30 *Sept.* 1681. S. l.,
1781. In-4°.

Articles proposés par les Préteur, Consuls et Magistrats de la ville de
Strasbourg. S. l., 1681. In-4°.

Accord im Nahmen I. K. M. in Frankreich so mit der Stadt Strass-
burg getroffen worden. 1681. In-4°.

Abschrift der verglichenen Uebergabe der weltberühmten und vor
dem unüberwindlich gehaltenen Stadt Strassburg. 1684. In-4°.

Obrechti, Ulr. *Alsaticarum rerum Prodromus.* Argent., 1681. In-4°.

Rach -u. Weheschreyen des Elsass über seine zwei Töchter Colmar
und Strassburg. S. l. et a. In-8°. Poésie.

Schmid, H. G. *Strassburg, eine deutsche Stadt. Trauerspiel in*
5 *Aufz. München,* 1849. In-8°.

Prodigium et Elogium Perfidiæ ac Ignaviæ Strasburgensis : olim

Civitatis Imp. nunc. Municipii Gallici a rurale solitario. C. F. a.
K. Schweidnicii 1682. In-4°. Ce livre contient les dix pièces suivantes
sur le même sujet :

Dinæ Strasburgensis Defloratio, Fatum et Metamorphosis.

Epicedium et Epitaphium libertatis Strasburgensis, in novo cas-
tella (citadelle) *sepultæ.*

Libertatis sepultæ, posthuma ad reliquas Imperii urbes monita.

Bellonæ Strasburgensis luctus et querimonia.

Ingratitudo urbis Argentinæ in S. R. I. et aug. domum Austriacam.
Antiquo Germanici Rheni, Querulum murmur.

Voces antiquæ Germaniæ ad novam Germaniam.

Preces Flandriæ afflictæ.

Threni Alsatiæ, Lotharingiæ, Palatinatus, cætriusque cis et trans
Rhenum.

Votum et omen Germanici Petoris, etc.

Mémoire de M^r le Comte d'Avaux aux États-Généraux des Pays-Bas
et touchant la prise de la ville de Strasbourg, avec des réflexions
politiques. S. l., 1682. In-4°.

Responsio turris Viennensis ad epistolam turris Argentoratensis,
etc. Argent., 1683. In-8°.

Der Strassburgische Staats-Simplicius, bestehend in XII *auserlesenen*
Reyse-Relationen was nemlich der Autor an dem Schwedisch.
Dänisch. Holländ., etc., Hofe für Staatsconstellationen wegen Re-
stituirung d. Reichsstadt Strassburg observirte, etc. S. l., 1684. In-4°.

Des alten Simplicii Simplicissimi ausführl. Relation was auf seiner
Peregrination in Besuchung vieler Potentaten Höfe wegen der
Strassburgischen Restitutions-Sachen vorhanden gewesen ist. S.
l. et a.

Epistola amici ad amicum darin vorgestellt wird wie es bei Sub-
jugation der Stadt Strassburg hergegangen sei. S. l., 1694. In-fol.
(Allemand et latin.)

Patriotische Reflexiones über die von der Cron Frankreich bisher
offerirte Aequivalentien für Strasburg, etc. Luxemb., 1695. In-fol.

Sendschreiben eines guten Freundes aus dem Elsasse an einen guten
Freund bei dem Reichstage zu Regensburg, darin vorgestellt wird,
wie es bei der Subjugation der h. Reichsstadt Strassburg herge-
gangen sei. S. l., 1696. In-4°.

Unparteiische Defension der Reichs-Stadt Strassburg, samt einer
Relation wie es mit Occupirung dieser Stadt hergegangen, als
dieselbe der französische General de Montclar feindlich berennet.
S. l., 1697. In-4°.

FREUND, J. M. *Röm. Kays. Maj. und des Reichs Interesse der beyden Gränzfestungen Luxemburg u. Strassburg wann dieselben der Cron Frankreich keineswegs gelassen, sondern bei jetzigen Friedenstractaten zu restituiren bekannt worden.* S. l., 1697. In-4°.

SCHRAAG, Ant.). *Libertas Argentoratensium stylo Rysvicensi non expuncta, sive jura libertatis, cum in ecclesiasticis, tum in politicis, inclytæ Argentoratensium civitati per capitulationem cum corona gallica anno MDCLXXXI initam conservata, etc.* S. l., 1707. In-4°.

— *Nullitas iniquitasque reunionis Alsaticæ sive revisio actorum præparatoria, demonstrans Gallos supremum Imperium territoriale non magis in decem civitates imperiales unitas, etc.* S. l., 1707. In-4°.

DE BREAUDE. Relation du siége de Landau en 1702. Metz, 1702. In-12.

KUNAST, G. W. *Das von Ludwig XV a. 1732 ohnweit Strassburg angeordnete Feldlager. Strassb.* (1732). In-fol.

Journal de ce qui s'est passé depuis l'arrivée des Troupes qui ont marché de Flandres en Alsace, jusques au 25 Août 1744. Francf., 1744. In-4°.

Plan de l'attaque des lignes de la Lautter par les armées Impériales et Françaises. S. l., 1744. In-fol. Grav.

Révolution de 1789 à 1802.

(Le nombre de pièces publiées par les 23 imprimeries établies pendant l'époque de la Révolution seulement à Strasbourg, est prodigieux. Outre les 47 journaux et feuilles périodiques que cette époque a. fait éclore, nous avons pu recueillir dans notre collection passé 8000 pièces intéressant la localité. Nous nous permettons de donner ici la liste des 23 imprimeries ci-dessus d'après l'ordre de leur ancienneté :

Existant antérieurement à la révolution de 1789 :

J. H. Heitz III. — 1801 J. H. Heitz IV.

F. G. Levrault I. — 1801 Frères Levrault. — 1803 F. G. Levrault II.

V. Le Roux. — 1791 Veuve Le Roux. — 1798 J. F. Le Roux.

Lorenz et Schuler. — 1802 J. F. Schuler.

Ph. J. Dannbach.

Roland et Jacob. — 1791 Jacob.

Établis en

1789. Imprimerie de l'Assemblée provinciale.

1789. Imprimerie ordinaire du Roi.

1790. Société typographique.

1791. A. Ulrich.

1791. J. B. Gay.

1792. Imprimerie du Courrier de Strasbourg.

1792. J. G. Treuttel. — 1794. Treuttel et Würtz.

1792. Imprimerie de la Société des Jacobins.

1792. Imprimérie de l'armée du Rhin.

1794. C. F. Pfeiffer.

1795. Exter et Cⁱᵉ.

1795. F. Bock I. — 1796. Bock et Bœll ou Bœll et Bock. — 1797. F. Bock II.

1796. L. Eck.

1798. J. A. Fischer. — 1808, A. Kœnig.

1798. C. E. Ehrmann.

1798. Salomé Marguerite Salzmann. — 1800. J. H. Silbermann.

1799. J. C. Rupfer.)

Protokoll der elsässischen Provinzialversammlung im Jahr 1787. *Strassb.*, 1788. In-8°.

Beschreibung des jammervollen Aufruhrs in Strassburg 21 *Juli* 1789. In-8°.

Procès-verbal des séances du Conseil général du département du Bas-Rhin 1791. Strasb., 1792. In-4°.

Dietrich, F., Maire de Strasbourg. Compte-rendu au Conseil général de Strasbourg des travaux de la Municipalité de 1790 à 1791. Strasb., 1791. In-8°. Fr. et all.

Acte d'accusation contre F. Diétrich, ci-devant maire de Strasbourg, avec les observations de ses défenseurs. Paris, 1792. In-4°.

Interrogatoire de Fréderic Diétrich devant le tribunal criminel du Doubs. Paris, 1793. In-4°.

Fréderic Diétrich, ci-devant maire à Strasbourg, à ses concitoyens. Paris, 1793. In-4°. (En français et en allemand.)

Rapport des opérations civiles et militaires des Représentants Couturier et Dentzel. Paris, 1793. In-8°.

Compte rendu à la Convention nationale des travaux des Représentants du peuple Ruamps, Borié, Milhaud, Guyardin, Mallarmé et Nion, depuis le 27 Juillet 1793 au 29 Brumaire II, Paris, 1793. In-8°.

Copie figurée des Procès-verbaux du Comité de Surveillance et de Sûreté générale du Bas-Rhin établi par ordre des Représentants du peuple Milhaud et Guyardin. Strasb., 1793. In-8°. Fr. et all.

Recueil des pièces authentiques servant à l'histoire de la Révolution de Strasbourg. Strasb., (1794). 2 vol. in-8°.

Sammlung authentischer Belegschriften zur Revolutionsgeschichte von Strassburg. (1794). 2 vol. in-8°.

Wolff, J. D. *Wichtigste Epoche der Revolution des Niederrheins unter dem Triumvirat der Tirannen Robespierre, St. Just und*

Couthon. Oeffentliche und geheime Geschichte. Strassb., 10·*Jan.* 1794. In-12.

Beitrag zur Geschichte der Menschheit, oder Aktenmässige Samm-lung der blutdürstigen Urtheile der berüchtigten Revolutions-Kom-mission Schneiders und Consorten, so wie auch derjenigen Urtheile, unter dem Vorsitz·der Bürger Mainoni und Delatre in Strass-burg, im zweiten Jahr der Franken-Republik. Strassb., 1794. In-8°.

Résumé des Interrogatoires subis par les complices de Schneider. Strasb., 2 Janvier 1794. In-4°. Fr. et all.

Recueil des différents tableaux du Maximum des denrées et marchandises. Strasb., 26 Mai 1794. In-fol. Fr. et all.

Histoire de la propagande et des miracles qu'elle a faits à Strasbourg pendant son séjour dans cette commune dans le mois de Frimaire II. Strasb., 12 Février 1794. In-8°.

WEDEKIND. *Bemerkungen und Fragen über das Jakobinerwesen. Strassb.*, 11 *Oct.* 1794. In-8°.

HARMAND. Rapport et opinion sur la résolution du Conseil des Cinq Cents du 19 Messidor, relative aux fugitifs des départements du Haut- et Bas-Rhin. Paris, 7 Août 1797. In-8°.

Greuel der Verwüstung oder Blicke in die franz. Revolution, wie und durch wen das arme Elsass darin geflochten worden ist. 1793. In-12. (Rare).

Compte rendu à la Convention nationale par Ruamps, Borie, Milhaud, Guyardin, Mallarmé et Niou, depuis le 27 Juillet au 29 Brumaire an II. In-8°.

Militärische und politische Bemerkungen über die Vertheidigung von Frankreich. I. *Des Elsasses.* II. *Des Rheins.* III. *Des Ober-Elsasses. Frankf.*, Oct. 1794. In-8°.

WIEBEKING. *Der Uebergang der Franzosen über den Rhein am 6 September 1795. Frankf.*, 1796. 3 t. in-12.

Betrachtungen über den von den Franzosen bei Kehl unternommenen Rheinübergang. Frankf., 1796. In-8°.

MONTRICHARD, général. Précis historique du passage du Rhin à Kehl dans la nuit du 5 au 6 Messidor an IV. (24 Juin 1796). Strasb., 1826. In-8°. Avec le portrait de l'auteur.

DEDON, l'aîné. Précis hist. des campagnes de l'armée de Rhin et Moselle pendant l'an IV et V. Paris, VI. In-8°. Avec une Carte des environs de Strasbourg.

LE COMTE, P. C. L'observateur impartial aux armées de la Moselle... et de Rhin et Moselle. Paris et Strasb., 1797. In-8°.

Mémoire militaire sur Kehl contenant la relation du passage du Rhin par l'armée du Rhin et Moselle sous le commandement du général Moreau, et celle du siége de Kehl. Strasb., 1797. In-8°. Avec carte.

De Mechel, Chr. Tableau historique et topographique ou relations exactes et impartiales des trois événements mémorables qui terminaient la campagne de 1796 sur le Rhin, savoir : la retraite de Moreau, le siége dé Kehl et de la tête du pont de Huningue. Bâle, 1798. In-8°. Avec carte et grav.

Correspondance trouvée le 2 Floréal III à Offenbourg dans les fourgons du général Klinglin. Paris, an VI. 2 vol. in-8°.

Tagebuch der Feldzüge des Kriegs gegen Frankreich in den Jahren 1792 bis mit 1796. Von Fr. J. Ge. D., Ritter in östreichischem Dienste. Colmar, 1818. Avec grav. et plan. In-4°.

Geschichte der Blokade von Landau im Jahr 1793. Landau, XII. In-8°.

Possessions des princes étrangers en Alsace.

Pro memoria... des Landgrafens zu Hessen-Darmstadt, als Grafen zu Hanau-Lichtenberg, in Bezug auf die Schlüsse der französischen National-Versammlung vom 4 Aug. 1789. Darmst., 1790. In-4°.

Questions décisives résultant pour la province d'Alsace des décrets rendus par l'Assemblée nationale. Suite des considérations sur la même province. 1790. In-8°.

Mémoire pour Mr le Prince-Évêque de Spire et les Églises dépendantes de son évêché sur l'inviolabilité des possessions, etc., qui leur appartiennent en Alsace. 1790. In-fol.

Registrial-Note, idem. 1790. In-fol.

(Stupfel). Archives d'Alsace ou Recueil des Actes publics concernant cette province. 1790. In-8°.

(Rühl). Exposé analytique des faits et des actes publics qui établissent la domination absolue du Roi sur l'universalité des terres et habitants de la Haute- et Basse-Alsace. Strasb., 1790. In-8°.

Die Oberherrschaft und Oberlehnherrlichkeit Kaisers und Reichs über die Reichsständischen Lande, unmittelbarer Territorien und Reichsstädte im Elsass und Lothringen. Teutschland, Nov. 1791. In-4°. Avec une grande carte de l'Alsace.

Frage : Sind die im Elsass gelegenen Besitzungen, Rechte u. Privilegien der deutschen Fürsten und Stænde .... oder sind solche durch die Friedensschlüsse und andere Vertræge gesichert und davon ausgenommen? Wien, 1791. In-8°.

Erlæuterung der Frage : Ob das teutsche Reich sich der im Innern des Elsasses residirenden Stände, besonders des Hochstifts Strassburg ... annehmen könne und solle? 1791. In-12.

Fernere Verhandlungen im Churfürsten-Collegio über die Elsässischen Angelegenheiten. 1791. In-12.

Considérations sur l'admissibilité des négociations relatives aux possessions, droits et priviléges en Alsace qui compètent aux États de l'Empire. Ratisbonne, Déc. 1791. In-8°.

Hohenlohe, prince de. Protestation itérative du Grand-Chapitre de Strasbourg, etc. S. 1., 8 Janvier 1791. In-4°. Fr. et all.

(Bachmann). *Beleuchtungen über die dermaligen Verhältnisse im Elsasse. Frankf.,* 1791. In-8°.

Rühl. Projet de décret proposé à l'Assemblée nationale sur les mesures à prendre relativement aux Princes possessionnés en la ci-devant province d'Alsace. Paris, 1792. In-8°.

(Leist). *Tractatus juris publici de pacis Ryswicensis articulo quarto, Ordines ac Status reliquosque in Alsatia immediat. maximam partem Galliæ suprematiæ transscribente. Gœttingæ,* 1796. In-8°.

Réflexions sur le vrai sens de l'art. IV du traité de Ryswick touchant les droits de l'Empire en Alsace. Vienne, 1797. In-8°.

Restauration.

(Dahler). *Das blokirte Strassburg, vom 6 Januar bis zum 16 April* 1814. *Strassb.,* 1814. In-8°.

Défendons la patrie. Strasb., Juin 1815. In-8°.

Beschreibung der Blokade Strassburgs in den Monaten Juli, Aug. u. Sept. 1815. *Strassb.,* 1815. In-12.

Schauenburg, Wilh., Baron von. *Parallelen zwischen der vor- und diessjährigen Blokade von Strassburg. Strassb.,* 12 Sept. 1815. In-8°.

Précis des opérations des armées du Rhin et du Jura en 1816, suivi du siége de Huningue et de l'insurrection de Strasbourg, dirigée par le sergent Dalouzi, plus connu sous le nom de général Garnison. Paris, 1819. In-8°.

Roch. Insurrection de Strasbourg, présentée dans sa proportion historique. Paris. (2 Sept. 1815). In-8°.

Becht. *Denkwürdigkeiten der zwei Feldzüge der badischen Truppen im Elsass, in den Jahren 1814 u. 1815. Heidelb.,* 1817. In-8°.

Appel aux amis de l'humanité, en faveur des habitants de Mundolsheim et Schuffelwirsheim. Strasb., 20 Nov. 1815. In-4°. Fr. et all.

Procès de la prétendue conspiration de Strasbourg. Strasb. 1822., In-8°.

Auszug aus den Prozess-Akten gegen die Herren Trolé, Walter und Peugnet. Strassb., 1822. In-8°.

Procès de Caron et Roger. Strasb. 1822. In-8°.

LIECHTENBERGER. Courtes Réflexions pour Caron. Strasb. 1822. In-4°.

Procès du Cercle patriotique. Strasb., 1835. In-4°. Fr. et all.

Affaire du 30 octobre 1836.

LAITY, A. Relation des événements du 30 Octobre 1836. Le Prince Napoléon à Strasbourg. Paris, 1838. In-8°.

— *Der Prinz Napoleon in Strassburg, oder geschichtl. Darstellung des Aufstandes v. 30 Oct. 1836. Binningen, 1838.* In-8°.

ELSNER, H. *Der Prinz Napoleon in Strassburg, oder geschichtliche
Darstellung des Aufstandes vom 30 Oct. 1836. Stuttg., 1838.* In-8°.

FAZY, James. De la tentative de Napoléon-Louis. Genève, 1836. In-8°.

HAHN. *Prozess des Prinzen Ludwig Napoleon und seiner Mitschul-
digen. Aus dem Französ. Carlsruhe, 1841.* In-8°.

THIERIET. Plaidoyer pour M. Laity. Strasb., 1837. In-8°.

Procès de l'insurrection militaire du 30 Octobre 1836, par la Cour d'as-
sises du Bas-Rhin. Strasb., 1837. In-8°.

DE PERSIGNY, F. Relation de l'entreprise du Prince Louis-Napoléon
Bonaparte et les motifs qui l'y ont déterminé. Stuttg., 1838. In-8°.

SEYBOLD, F. *Der Aufstand von Strassburg. Stuttg.,* 1838. In-8°.

D. PRÉFECTURE DE HAGUENAU.

Ausführung des h. Reichs Landvogtey Hagenau. S. l., 1647. In-4°.

*Summarische Ausführung des h. röm. Reichs Landvogtey Hagenau.
S. l. et a.* In-8°.

Adumbratio jurium præfecturæ provincialis. S. l. et a. In-4°.

Memorial der vereinigten Städte im Elsass. S. l., 1653. In-4°.

*Relation über den Präsentations-Actum in Hagenau zwischen dem
Herzog von Mazarini, als Hagen. Oberlandvogt und den Depu-
tirten der 10 Reichstätte im Elsass, a. 1661, etc. S. l. et a.* In-4°.

*Abdruck etlicher die Landvogtey Hagenau und die vereinigten
Reichstädte im Elsass betreffende Documente, Privilegien, etc.
S. l., 1663.* In-4°.

*Untherthänigst Memorial pro denominandis tribus imperii depu-
tatis, mit Beilage und Bitte an die Reichstände zu gegenwärtigem Reichstag unser Meister und Räthe der vereinigten Reichs-
städte im Elsass dictirt in der Reichsdictatur 15/5 Martii 1664
die Landvogtey Hagenau betreffend. S. l. (1664).* In-4°.

*Brevis adumbratio jurium Præfecturæ prov. Hagenoensis in decem
civitat. imperial. S. l. (1663).* In-4°.

. *Duo Memoralia ad S. R. Imperii electorum, principum, etc., lega-*
tos' in comitiis Ratisbon. a magistratibus civitatum in Alsatia
imperialium exhibita 1665. *Præfecturam Hagenoensem concer-*
nentia. S. I. In-4°.

Relatio summaria ex actis publicis in causa civitatum imperia-
lium in Alsatia unitarum , oder Bericht was zwischen den
fr. Ministris und den Reichs-Städten im Elsass wegen der cedir-
ten Landvogtey Hagenau verhandelt worden. S. l., 1670. In-4°.

Ausführliche Relation über die Präsentations-Akten. S. l. et a. In-4°.

An des Reichs Gesandte zu gegenwärtigem Reichstage. Memoriale
der vereinigten Reichs-Städte im Elsass um Interposition bei dem
König von Frankreich, etc. S. l., 1673. In-4°.

Kurzer und historischer Unterricht betreffend die zehn Reichs-
Städte im Elsass, in Ansehung der Landvogtey zu Hagenau.
S. l., 1697. In-4°.

Versuch einer aktenmässigen Geschichte der zehn vereinigten
Reichstädte im Elsass, von ihrem Ursprung bis auf gegenwärtige
Zeit. Ulm, 1791. In-8°.

SPACH, L. Le fonds de la Préfecture de Haguenau et de la Régence d'Ensisheim. Strasb., 1856. In-12.

E. NOBLESSE.

Accommodement et Transaction entre la ville de Strasbourg et la noblesse
par la médiation de l'archevêque de Mayence, de 1422. S. l. et a. Fr. all.

VIGNIER. La véritable origine des maisons de l'Alsace, de Lorraine, etc.
Paris, 1649. In-fol.

Lettres patentes de S. M. portant translation du Conseil de la Noblesse
de la Basse-Alsace, séant à Niederehnheim, dans la ville de Strasbourg; 5 sept. 1682. Strasb., 1688. In-4°.

MEIER, J. H. *Dissertatio de cavalcadæ vassallaticæ æstimatione.*
Vom Anschlag der Lehens-Ritter-Dienste. Argent., 1680. In-4°.

Des heil. Röm. Reichs Form ohnmittelbarer Ritterschaft im Untern
Elsass, adelige Ritterordnung, Privilegia und kays. Rescripta.
S. l., 1653. In-4°.

Version d'une lettre escrite à Mess. du Magistrat de Strasbourg, par les
directeurs, conseillers, etc., du Directoire de la Noblesse de la Basse-
Alsace. S. l., 1654. Fr. all. In-fol. *Idem* de 1659.

Factum de la ville de Strasbourg contre le Directoire de la Noblesse de
l'Alsace. S. l. et a. In-fol.

Appendice du Factum de la ville de Strasbourg contre le Directoire de la
Noblesse. S. l. et a. In-fol.

Factum pour lè Président et Conseillers du Directoire de la Noblesse de
la Basse-Alsace, défendeur contre le Préteur, etc., de Strasbourg,
demandeur. S. l. et a. In-fol.

Réfutation sommaire du Factum de la Noblesse de la Basse-Alsace contre
la ville de Strasbourg. S. l. et a. In-fol.

Réflexion sur la Réfutation, etc. In-fol.

Réponse à la Réfutation, etc. In-fol.

Extrait du privilége accordé par l'Empereur Matthias à la Noblesse de
la Basse-Alsace. S. l. et a. In-fol. Fr. et all.

*Römisch k. Rescriptum an die Nieder-Elsässische Freie-Reichs-
Ritterglieder.* S. l., 1677. In-4°.

*Patent von Kaiser Leopold an die Reichs-Ritterschaft in Nieder-
Elsass.* S. titre. 1677. In-8°.

Remarques sur les deux arrests du Conseil d'État de 1684, et l'autre de
1694. (Noblesse.) S. l. et a. In-fol.

*Ordnung wie sich die Amptleuthe in dem Rittergebiet des untern
Elsasses zu verhalten haben.* S. l., 1688. In-4°.

Ertel, A. C. *Observationes illustres juridico-equestres. Vom Ursprung
des Adels in Schwaben, Franken und Elsass. Nürnb.,* 1699. In-4°.

Link, J. E. *Diss. de Statu Nobilitatis, S. R. J. Argent.,* 1707. In-4°.

De Berckheim, Ph. Fr. *Diss. de Comitiis nobilium, vulgo Von den
gemeinen Rittertagen. Argent.,* 1708. In-4°.

Geyling, P. R. *Diss. de Statu Nobilitatis immediatæ S. R. J. Argent.,*
1710. In-4°.

(Wielandt, J. H.) Statuts et priviléges de la Noblesse franche et immédiate de la Basse-Alsace, accordés par les anciens Empereurs, confir-
més et accordés par le Roi. *Adelige Ritterordnung, etc.* Strasb.,
1713. In-fol.

Frid, D. *Vindiciæ jurium civitatis Argentoratensis contra novas
pretentiones Directorii Nobilitatis Alsatiæ inferioris. Argent.,*
1714. In-4°.

Arrest du Conseil d'État du Roi du 28 May 1715, portant règlement
entre le Magistrat de Strasbourg et le Directoire de la Noblesse de la
Basse-Alsace, sur l'exercice de leur juridiction. Colmar, 1715. In-4°.

Wincklerus, J. L. *Diss. de præcedentia liberarum civitatum S. R.
Imperii præ Nobilitate immediata. Argent.,* 1720. In-4°.

Eccardus, J. G. *Origines familiæ Habsburgo-Austriacæ ex monu-
mentis veteribus, scriptoribus coætaneis, diplomatibus, chartis-
que .... demonstratæ. Lipsiæ,* 1721. In-fol. Avec fig.

Mémoire pour prouver que la maison de Landsperg a droit de continuer
à prendre le titre de Baron. Colmar, 1773. In-4°.

Kopp, J. A. *Tractatus juris publici de insigni differentia inter S. R. J. Comites et Nobiles immediatos, etc. Argent.*; 1728. In-4°. Deux éditions.

Balbach de Gastel. *Fata Ducatus Allemaniæ et Sueviæ. Altorfii*, 1735. In-fol.

De Klinglin, F. Chr. *Diss. de jure Principum et Nobilium Imperii immediatorum A. C. Argent.*, 1737. In-4°.

Graff, Gerh. Fr. *Diss. Quæstio juris publici an Nobilitas Imperii immediata sit status Imperii? Argent.*, 1765. In-4°.

(Reinhardt.) *Pragmatische Geschichte des Hauses Geroldseck, etc. Mit 243 Urkunden, etc. Frankf. u. Leipz.*, 1766. In-4°.

Statuta des Ritter-Ordens vom alten Adel oder den vier Röm. Kaisern. Strassb., 1768. In-12.

Rühl, Ph. J. *Ausführliche Beantwortung gegen die Ansprüche der HH. von Leiningen-Dabo. Carlsruhe*, 1774-1782. In-fol.

Mémoire pour démontrer que la qualité de Baron compète légalement aux Sieurs de Gail. Colmar, 1775. In-12.

Biga Diss. de communi utrinque serenissimæ domus et archiducalis Habsburgico-Austriacæ, et Alsatico-Lotharingicæ ducalis origine, etc. Bamberg, 1786.

Jacquet. Droit public d'Allemagne contenant la forme de son gouvernement, etc., et le droit de la Noblesse équestre de la Basse-Alsace; son origine, etc. Strasb., 1782. 6 t. in-12.

Keppler, M. X. *Diss. de superioritate territoriali immediatæ S. R. J. Nobilitatis. Argent.*, 1784. In-4°.

Rühl, Ph. J. Recherches historiques et généalogiques sur la maison de Linange-Dabo. Strasb., 1789. Gr. in-4°.

Mémoire pour la Noblesse immédiate de la Basse-Alsace. Strasb., 1789. In-8°.

(Reubel.) Réponse d'un Français au Mémoire de la· Noblesse immédiate de la Basse-Alsace. Strasb., 1789. In-8°.

Observations sur la Réponse au Mémoire de la Noblesse immédiate de la Basse-Alsace. Strasb., 1789. In-8°.

Pro memoria der freyen unmittelbaren Ritterschaft im Untern Elsass. S. l., 1789. In-4°.

Précis pour la Noblesse immédiate de la Basse-Alsace. S. l., 1797. In-fol.

Vorlegung des bisherigen Verhältnisses der freyen Ritterschaft im Elsasse, ihrer Beschwerden gegen ihre Beeinträchtigungen der französischen Regierung und den Ansprüchen derselben auf die Hilfe und Vertretung Kais. Maj. und des heil. röm. Reiches bei dem dermaligen Reichs-Friedens-Congress mit Frankreich. Wien, 1797. In-folio.

F. ANTIQUITÉS.

CHAMPIER. Recueil ou chronique des histoires du royaume d'Austrasie Lyon, 1509. In-fol.

RUYR, J. Recherches des sainctes antiquitez de la Vosge. Épinal. (1633). In-4°.

BEBEL. *De Triboccis seu Alsatis. Lipsiæ*, 1694. In-4°.

(DUMOD.) Lettres à M. l'abbé de B. sur les découvertes d'antiquités qu'on a faites sur le Rhin. 1716. In-16.

ECKARD. *Diss. de Apolline Granno Mogouno, in Alsatia nuper detecto. Viceb.* S. a. In-4°.

OLENSCHLAGER, J. D. *Untersuchung des wahren Ursprungs Herzogs Athici, von dem franz. Majordomo Erchibaldo.* S. l., 1747. In-fol.

(OBERLIN, J. J.) *Museum Schœpflini. Argent.*, 1783. In-4°. T. 1er. *Lapides, marmora, vasa.* Avec 17 planches gravées.

Vues pittoresques de l'Alsace, dessinées, gravées et terminées en bistre, par Walter. Avec un texte historique, par l'abbé Grandidier. 6 cahiers gr. in-4°.

SCHWEIGHÆUSER, J. G. Mémoire sur les antiquités de la ville de Strasbourg ou sur l'ancien Argentoratum. Strasb. (1813). In-8°.

— Notice sur les Recherches relatives aux antiquités du départ. du Bas-Rhin. Strasb., 1821. In-22.

IMLIN, E. F. *Vogesische Naturschönheiten und Ruinen. Strassb.*, 1821. In-8°. Avec 14 grav.

ENGELHARDT, C. M. *Wanderungen durch die Vogesen. Strassb.*, 1825. In-8°. Avec 1 lithogr.

DE GOLBÉRY. Mémoires de quelques anciennes fortifications des Vosges. Strasb., 1823. In-8°. Avec pl.

SCHWEIGHÆUSER, J. G. Notice sur les anciens châteaux du département du Bas-Rhin. Strasb., 1824. In-12.

SCHWEIGHÆUSER, J. G. Antiquités de l'Alsace, ou Châteaux, Églises et autres Monuments du département du Bas-Rhin, avec un texte descriptif. Strasb., 1826. In-fol. Avec 40 lithographies.

ROTHMÜLLER. Vues pittoresques des châteaux, monuments et sites remarquables de l'Alsace. Avec texte historique et descriptif. Colmar. (1836). Gr. in-4°. Avec 123 lithographies.

HARTMANN, C. F. *Das Schloss Lützelhardt. Ein hist. elsässisches Rittergemälde. Strassb.*, 1836. In-12.

CANTENER. Vues pittoresques des Vosges, dessinées par Collignon. Paris, 1837. In-4°. Avec 24 lithographies.

SCHWEIGHÆUSER, J. G. Énumération des monuments les plus remarquables du département du Bas-Rhin et des contrées adjacentes.
Strasb., 1842. In-8°.

BOYER, M. X. Rodolphe de Habsbourg, ou l'Alsace au 13° siècle. Strasb.,
1847. In-8°.

RAMÉ, A. Notes sur quelques châteaux de l'Alsace. Caix, 1855. In-8°.

DE MORVILLE, Théod. Musée pittoresque et historique de l'Alsace. Des-
sins et illustrations de J. Rothmüller. Colmar, 1858. Gr. in-4°.

G. LIMITES; ROUTES; CHEMINS DE FER; COURS D'ÉAU; INONDATIONS.

Limites.

BLUM, G. F. *Kritische Untersuchung der mitternächtlichen Elsasser-
gränze. Frankenthal,* 1791. In-8°.

BOEHMER, G. G. La rive gauche du Rhin, limite de la République française. Paris, an IV. 2 t. in-8°.

*Definitive Uebereinkunft zwischen Frankreich und Baiern um die
Landesgränze festzusetzen. Weissenburg,* 1825. In-fol.

Convention définitive entre la France et le grand-duché de Bade, concernant la fixation des limites entre les deux États, de même que le
rétablissement de l'état de possession et de propriété des îles sur le
Rhin, etc. Strasb., 1827. In-4°. Fr.-all.

Commissions française et bavaroise des limites. Instruction à MM. les
Maires et Bourgmestres, etc. 20 Sept. 1827. Wissemb. In-fol. Fr.-all.

Démarcation de la frontière. Reconnaissance du Thalweg du Rhin.
Strasb., 1839. In-4°.

Routes.

Itinéraire, contenant les grandes routes et les communications de la
province d'Alsace avec leur longueur en lieues communes. État des
postes d'Alsace. Strasb. (1780). In-4°.

PACK, J. D. *Die Landstrassen und Wege des Ober- und Niederrheinischen Departements. Strassb.,* 1798. In-12.

— Nouvelle liste dressée en faveur des voyageurs de Strasbourg pour la France et la Suisse. Strasb., 1801. In-12.

Routes départementales et lignes de grande communication du Bas-
Rhin. Strasb., 1819. In-4°. Avec une carte.

Tableau des distances de chaque commune du département du Bas-Rhin
aux chefs-lieux, etc. Strasb., 1824. In-4°.

Extrait du Dictionnaire des postes. Bas-Rhin. Paris, 1837. In-fol.

Wegweiser für Reisende im Elsass: Strassb., 1843. In-18.

Projet de révision du classement des routes départementales et des chemins vicinaux. (Bas-Rhin.) Strasb., 1849. In-4°.

Chemins de fer.

Chemin de fer de Strasbourg à Bâle. 1838 à 1844. 16 pièces in-4° et in-8°
    —   de Paris à Strasbourg. 1840 à 1854. 12 pièces in-4° et in-8°.
    —   de Strasbourg à la frontière de la Bavière rhénane. 1847 à 1856. 5 pièces in-4° et in-8°.
    —   de Strasbourg aux Vosges. Mémoire et Rapport de l'Ingénieur en chef du département du Bas-Rhin. Strasb., 24 octobre 1854. In-fol. Avec carte.

Cours d'eau.

Nicolay, L. H. *De Argentinensium in Rheno navigatione. Argent.*, 1760. In-4°.

Arrest des königl. Staats-Raths die Schiffahrt auf dem Rhein betreffend. Strassb., 23 Sept. 1773. In-4°.

Charpentier. Mémoire relatif à la rectification du lit de la rivière d'Ill, particulièrement de son débouché dans l'intérieur de la ville de Strasbourg. Strasb., 1781, 82, 86 et 1790. In-4°. Avec plans.

Rheinschifffahrts-Verordnung. 1788. In-4°.

La Chiche, Maréchal des armées du Roi. Communication des mers de l'Europe par les départements du Rhin. Dôle, 1791. In-4°.

Robin. Projet d'un canal de jonction de la Sarre au Rhin, et Notice sur le rétablissement de l'ancien canal d'Alsace. Strasb., 1802. In-4°.

Prault-Saint-Germain, M. Projet de la seule navigation naturelle et commerciale qui existerait en Europe, et joindrait le Rhin à la Seine jusqu'à Paris, sous la dénomination de Navigation Bonaparte. Paris, 1804. In-4°.

Convention sur l'octroi de navigation du Rhin. Strasb., 1805. In-4°. Fr.-all.

Kastner. Grand quai proposé à travers la ville de Strasbourg le long du canal Napoléon. Strasb., 1806. In-4°. Avec plans.

Eichhoff, J. J. Projet de Règlement définitif concernant la navigation du Rhin, son administration, sa police, et les droits à y percevoir. Mayence, février 1817. In-4°.

Canal royal de jonction du Rhin à la Seine, de Strasbourg à Paris. Nancy, 1824. In-4°.

Tulla, J. G. *Ueber die Rectification des Rheins, von seinem Austritt aus der Schweiz bis zu seinem Eintritt in Hessen. Carlsruhe,* 1828. In-8°.

Tulla, J. G. (Ouvrage traitant également du Rhin, sans titre, ni date. In-8°.)

Observations des négociants de Strasbourg et du syndicat des bateliers français de la grande navigation du Rhin sur l'exécution du nouveau règlement de 1831. Strasb., 1er juin 1832. In-4°.

Projet général de régularisation du cours du Rhin. Enquête : Département du Bas-Rhin. Strasb., 1840. In-4°.

Uebereinkunft unter den Uferstaaten des Rheins und auf die Schiff-fahrt dieses Flusses sich beziehende Ordnung. 31 März 1841. In-4°.

Inondations.

Yenne, J. Chr. *Klägliche Beschreibung der entsetzlichen Ueber-schwemmung, welche A. 1740 schon, den 4 December, sich zuge-tragen hat, den 18-22 ejusdem gestiegen. Strassb., 1740. In-4°.*

Grandidier, abbé. Tableau des anciennes inondations du Rhin à Strasbourg et en Alsace, depuis 1198 jusqu'à nos jours. Strasb., 1779.

Petersen. *Predigt über die Wasserfluth von 1801. Mit geschicht-lichen Anmerkungen. Strassb., 2 Januar 1802. In-8°.*

Die grossen Ströme und Ueberschwemmungen in Teutschland, England, Frankreich, Russland und anderen Ländern, im Jahr 1824. Leipz., 1825. In-12.

Société des secours pour les habitants indigents du Bas-Rhin, auxquels les inondations ont causé des pertes. Strasb., 1824. In-4°. Fr.-all.

Die Ueberschwemmungen des Rheins und der Ill im September 1852. Colmar. In-12.

Die Wassersnoth im Niederrhein, im September 1852. Strassb. In-12.

H. HYGIÈNE, MÉDECINE, ETC.

Sebizius, Melch. jun. *Discursus medico-philosophicus de casu adoles-centis cujusdam Arg. mirabili, qui anno 1677 mortuus adjacente ipsi serpente a domesticis inventus fuit. Argen., 1618. In-4°.*

Collegium Medicorum sammt Ordnung der Medicorum und Apo-theker. Strassb., 1670. In-fol. Idem, de 1775 et 1787.

Hebammen-Ordnung. Strassb., 1688. In-fol.

Ordnung des Hebammen-Meisters und sämmtlicher Hebammen Strassburgs. Strassb., 1728. In-fol.

Boecler. *Occasione fraudulentæ mulieris quæ per totam fere vitam ficto menstroso ventre, etc. Argent., 1728. In-4°.*

Portrait d'une femme qui a trompé tous les médecins et chirurgiens de la ville de Strasbourg. Relation, etc. Strasb., 1728. In-4°.

Zufälliges Gespræch zwischen Hippocrate und Galeno von der abendtheuerlichen Erfindung M.S.Erdrichin. Strassb., 1728. In-4°.

HOLTZBERGER, G. V. *Diss. med. de aëre, aquis et locis Argentinæ. Argent.*, 1758. In-4°.

MATTHIEU, Alex. *Febris malignæ morbillosæ A.* 1766 *et* 1767 *in inferiori Alsatia epidemicæ historia. Diss. Argent.*, 1768. In-4°.

Publications des commissaires de la chambre de santé à Strasbourg à l'occasion des maladies contagieuses. Strasb., 1770. 1 feuille in-4°.

SPIELMANN, J. Reinb. *Institutiones materiæ medicæ prælectionibus academicis accommodatæ. Argent.*, 1774. In-8°.

WILTWER, Ph. L. *Delectus Dissertationum medicarum Argentoratensium. Norimbergæ*, 1777-1779. 2 vol. in-8°.

Neue Beiträge zur prakt. Anwendung des thierischen Magnetismus. Strassb., 1786. In-12.

ULRICH, A. *Der Beobachter des thierischen Magnetismus und Somnambulismus. Strassb.*, 1787. In-8°.

EHRMANN, J. F. Opinion sur l'établissement d'une école de médecine à Strasbourg. Paris, 1789. In-8°.

Instruction pratique sur la vaccine, réimprimée par ordre de l'École spéciale de médecine de Strasbourg. Strasb., 1803. In-8°.

LOBSTEIN, J. F. Compte sanitaire de la salle des accouchées de l'hôpital civil de Strasbourg pour les années 1804 à 1814. Paris. (1815). In-8°.

Règlement de la Société de médecine de Strasbourg. Strasb., 1806. In-4°.

Rapport sur l'état de la vaccination dans le département du Bas-Rhin, à l'époque du 31 Décembre 1807. Strasb., 1808. In-4°.

Adresse du Directoire de la Confession d'Augsbourg à Strasbourg aux pasteurs de son ressort sur les moyens qu'ils ont de concourir à la santé de leurs paroissiens, particulièrement pour la propagation de la vaccine. Strasb., 1808. In-8°.

MASUYER. Observation faite à l'hôpital militaire de Strasbourg sur la fièvre des hôpitaux. Strasb., 1811. In-8°.

DELORD. Observations médicales recueillies dans les hôpitaux civils et militaires de Strasbourg. Strasb., 1812. In-12.

SCHAHL et HESSERT. Précis historique et pratique sur la fièvre miliaire qui a régné épidémiquement dans le Bas-Rhin en 1812. Strasb., 1813. In-4°.

SCHERDLIN, G. Ch. Dissertation sur les maladies contagieuses dans les places fortes assiégées. Strasb., 1816. In-4°.

Liste générale des Docteurs en médecine, des Docteurs en chirurgie, Chirurgiens, Officiers de santé, Sages-femmes, Pharmaciens et Herboristes établis dans le département du Bas-Rhin. Strasb., 1824, 1829, 1844. In-4°.

— 36 —

SCHWEIGHÆUSER, J. F. Considérations sur les vaccinations de Strasbourg. Strasb., 1825. In-8°.

RENNES. Topographie médicale de Strasbourg. Paris, 1828. In-8°.

MARCHAL, L. J. A. Essai de topographie médicale de l'hôpital civil de Strasbourg et de son annexe. Strasb., 1829. In-4°.

Instruction populaire sur le choléra-morbus et Rapport fait à l'intendance sanitaire du département du Bas-Rhin par son comité médical, et publié par cette intendance. Strasb., 1832. In-8°.

BOERSCH, Charles. Essai sur la mortalité de Strasbourg. (Partie rétrospective.) Strasb., 1836. In-4°.

ARONSSOHN, J. L. Mémoires et Observations de médecine et de chirurgie pratique. Paris et Strasb., 1836. In-8°.

CLAUDOT, C. C. Essai sur la grippe de l'année 1837 à Strasbourg. Strasb., 1837. In-4°.

TOURDES, G. Relation médicale des asphyxies occasionnées à Strasbourg par le gaz de l'éclairage. Strasb., 1841. In-8°.

Nouvel arrêté réglementaire relatif à l'École départementale d'accouchement de Strasbourg. Strasb., 1842. In-8°.

SCHÜTZENBERGER, Ch. Du but et de l'esprit des travaux cliniques. Discours prononcé à l'ouverture du cours de clinique interne (à Strasbourg). Strasb., 1844. In-8°.

Réclamation contre le projet de translation de la Faculté de médecine de Strasbourg. Strasb., 1848. In-8°.

BOURGUIGNON, E. Essai historique sur l'ancienne École de médecine de Strasbourg. Strasb., 1849. In-8°.

TOURDES, M. G. Du Goître à Strasbourg. Strasb., 1854. In-8°.

MICHEL. Essai sur la Chirurgie de Strasbourg. Strasb., 1855. In-8°.

ROBERT, A. Histoire du Choléra du Neudorf. Strasb., 1855. In-8°.

ROGER. Analyse de l'eau de quelques puits de Strasbourg et de la rivière de l'Ill. Strasb., 1858. In-4°.

Service des Aliénés.

RISTELHUEBER, J. Renseignements, rapports et demandes relatifs au service des aliénés de Strasbourg. Strasb., 1825. In-8°.

Arrêté réglementaire de l'hospice départemental de Stéphansfeld. Strasb. (1835). In-8°.

Hospice départemental d'aliénés de Stéphansfeld. Prospectus. Strasb., 1835. In-4°.

LEDOUCETTE. Rapport. Paris, 1838. In-8°.

RISTELHUEBER, J. De l'hospice départemental pour les aliénés à Stéphansfeld. Strasb., 1839. In-8°.

De Schauenburg, baron P. R. Extrait des délibérations et de la correspondance administrative de la Commission administrative de Stéphansfeld. Strasb., 1839. In-8°.

Nachweisungen über die Departemental-Heilanstalt für Geisteskranke zu Stephansfeld. Strassb., 1841. In-8°.

Roederer. Notice sur le service médical de l'asile d'aliénés de Stéphansfeld pendant l'année 1841. Strasb., 1842. In-8°.

— *Idem* pour les années 1842 à 1844. Strasb., 1845. In-8°.

Dagonet. Service médical de l'asile public de Stéphansfeld pendant 1850-1856. Strasb. In-8°.

Musée anatomique.

Lobstein, J. F. Compte rendu à la Faculté de médecine sur l'état actuel de son Musée anatomique, suivi du Catalogue des objets qu'il renferme. Strasb., 1820. In-8°.

Ehrmann, C. H. Compte rendu à la Faculté de médecine de Strasbourg des travaux anatomiques exécutés à l'amphithéâtre de cette Faculté en 1824 et 1825. Strasb., 1827. In-8°.

— Nouveau Catalogue du Musée d'anatomie normale et pathologique de la Faculté de médecine de Strasbourg. Strasb., 1843. In-8°.

— Musée de la Faculté de médecine de Strasbourg. Observations d'anatomie pathologique. Strasb., 1847. Gr. in-4°. Avec 5 planches lithographiées.

— Notice sur les accroissements du Musée anatomique de Strasbourg ; suivi d'un premier Supplément du Catalogue. Strasb., 1846. In-8°.

— Accroissement du Musée d'anatomie avec le second Supplément du Catalogue. Strasb., 1856. In-8°.

Pharmacie.

Taxa medicamentorum, tam simplicium, quam compositorum in off. Arg. Lat. et all. Strasb., 1647. In-4°.

Pharmacopœia Argentoratensis. Argent., 1725. In-fol.

    Idem.   *Argent., 1757. In-fol.*

Catalogus et taxatio medicamentorum. Argent., 1759. In-4°.

Pharmacopœa Nosocomiorum civilium Argentinensium. Argent., 1830. In-8°. Idem. 1840. In-8°.

Tarif des médicaments simples et composés du formulaire des hospices civils, à l'usage des pharmaciens de Strasbourg. 1844. In-8°. *Idem.* 1853. In-8°.

I. LOCALITÉS DIVERSES.

(Par ordre alphabétique.)

Grouet. Tombeau de Richarde, femme de Charles III, dit le Gros, à Andlau. Strasb., 1845. In-fol.

(Reiner.) Notice sur l'ancienne église d'Avolsheim. Strasb., 1827. In-8°. Avec 2 lithogr.

Massenet.) Description du Ban-de-la-Roche. Strasb., an VI. In-8°. Avec 5 grav. par Zix et Walter.

émoires du procès entre la ville de Strasbourg et la ville de Barr. 1826. 9 pièces in-4° et in-8°.
(Blanck.) *Geschichte der evang. Kirche in den zur ehemal. Herrschaft Barr gehörigen Gemeinden. Strassb.,* 1835. In-8°.

Crollius. *Denkmahl Carl Aug. Friedrichs des Einzigen und Beschreibung der Kirchen und Gruften, auch der Herrschaft Bischweiler. Zweibr.,* 1784. In-4°.
Culmann, Fr. W. *Geschichte von Bischweiler. Ein Beitrag zur Geschichte des Elsasses. Strassb.,* 1826. In-8°. Avec plan et vue.

Boussewiller. Extrait des Registres de la Chambre royale établie à Metz. 1680. In-4°.
Deiss, Dom. Essai d'une topographie de la ville de Bouxwiller. Strasb., 1828. In-4°.
   I. Des charges de l'Hospice civil de Bouxwiller au profit du culte protestant.
   II. Situation de la Fabrique protestante de Bouxwiller.
   III. De la prétendue dotation du Collége de Bouxwiller. Strasb., 1849. In-8°.
Rapport de M. West, préfet du Bas-Rhin, de la Commission administrative de l'Hospice de Bouxwiller, etc. Bouxwiller, 1854. In-4°. (Autographié.)
Klein, Théod. *Das Städtchen Buchsweiler und die Bergveste Lützelstein. Topographisch-historische Schilderungen. Mülhausen,* 1858. In-12.

Beaulieu. Recherches archéologiques et historiques sur le Comté de Dachsbourg, aujourd'hui Dabo (ancienne province d'Alsace). Paris, 1846. Avec 6 planches.

Wohlrab, M., *Pfarrer in Dorlisheim. Der königl. Argentina lobwürdige Tochter, oder das vergnügte Landleben in Dorlisheim, mit poetischer Feder entworfen. Strassb.*, 1761. In-4°.

Müller, Eug. Ebersmünster, Légende. Strasb., 1842. In-12.

Spach, L. L'église d'Eschau d'aujourd'hui et l'abbaye d'Eschau d'autrefois. Strasb., 1840. In-8°.

Die Feuersbrunst zu Grendelbruch. Strassb., 1836. In-8°.

Renovirte Feuer-Ordnung der Stadt Hagenau, A. 1737. *Hagenau.* In-4°.
Policey-Ordnung der Stadt Hagenau, renovirt A. 1737. *Hagenau.* In-4°.
Ordnung wie nach der Stadt Hagenau Recht u. Gewohnheit gericht u. gehandelt wird. Hagenau, 1739. In-4°.

Spach, L. Le Château de Hohenkœnigsbourg. Strasb., 1856. In-8°.

Stoeber, Aug. *Der Kochersberg, ein landschaftliches Bild aus dem Untern-Elsass. Mülhausen,* 1857. In-12°.

Der Stadt Landau erneuerte Gerichtsordnung. Speier, 1654. In-4°.
Birnbaum, Joh. von. *Geschichte der Stadt Landau und der Dörfer Queichheim, Dammheim und Nussdorf in ihrer Berührung mit der ältern und neuern Geschichte Frankreichs. Zweibr.*, 1826. In-8°.
— 2e édition. *Kaiserslautern,* 1830. In-8°. Avec une lith.
Lehmann, J. G. *Urkundliche Geschichte von Landau nebst den Dörfern Dammheim, [Nussdorf und Queichheim. Neustadt an der Hardt,* 1850. In-8°. Avec une lith. et une carte.

Bentz, J. Description historique et archéologique de Lauterbourg et de son territoire, d'après les sources originales. Strasb., 1844. In-8°. Avec un plan.

Unser l. Frauen zu Sankt Marienthal, d. i. : Historischer Relations-Bericht von Sankt Marienthal im Elsass bei Hagenau gelegen, etc. Mainz, 1646. In-16.
Facies templi in Valle Mariana prope Hagenoam, sereniss. Sponsæ ac neoreginæ Galliæ, principissæ Poloniæ, a Collegio S. J. Hagenoensi adornata, quando visitabat, A. 1725. *Argent.* In-4°.

Beschreibung von Marienthal. Strassb., 1749. In-8°.

Lyra. *Historia de cruce quæ in templo S. J. Molshemii reservatur.*
Molsh., 1671. In-12. Fig.

Reiner. Niederbronn en 1770 ou un Monument dans les Vosges, suivi de
l'Invalide alsacien. Strasb., 1838. In-8°. Avec une lith.

Spach, L. L'église de Niederhaslach. Colmar, 1845. In-8°.

Meyer, J. Ph. *Oberehnheim, am Fusse der Vogesen, in medizinischer*
und topographischer Hinsicht. Strassb., 1841. In-8°. Avec lith.
Dorlan, A. Mémoire de la ville d'Obernai contre la commune de Bern-
hardswiller. Strasb., 1843. In-4°. Avec un plan.

Arrêt du Conseil d'État du Roi concernant la permission accordée aux
communes de Oberseebach et Schleithal. Paris, 1781. In-4°.

Montagne de Sainte-Odile et ses environs.

Gebwiller, Hieronymus. *Ein schön Historie des fürstl. Stammbaums*
und Herkommens der heiligen Otilia. Strassb., 1520. In-4°. (Avec
une grav. sur bois, représentant l'arbre généalogique de sainte Odile).
Schuttenheimer, Joh. *Sankt Odiliens fürstl. Herkommens, heiligen*
Lebens und Wandels historie, durch Hieronymum Gebweiler im
Jahr 1521 gestellt und zu Strassburg gedruckt, etc. Freib., 1598.
Petit in-8°. (Avec une grav. sur bois, représentant l'arbre généalogique
de sainte Odile.)
Peltre, P. Hugues. La vie de sainte Odile. Strasb., 1698. In-8°. Avec
documents. (Seconde édition de 1698.)
Officium S. Odiliæ, primæ Abatissæ cœnobii Hohenburg, in ecclesia
montis S. Odiliæ annatim persolvendum. Argent. (1700). In-4°.
Peltre, P. Hugues. *Das Leben der heiligen Jungfrau Odiliæ, erster*
Aebtissin des Klosters Hohenburg. Strassb., 1701. In-8°. Avec
documents.
Schminck, J. H. *Diss. de Adalrico s. Atthico, duce Alsatiæ. Marb.*,
1720. In-4°.
Albrecht, Pater Dionys. *History von Hohenburg, oder sankt Odi-*
lienberg. Schlettst., 1751. In-4°. Avec des documents.
6 grav. par Dannegger.
— *Ausführung der Wallfahrer auf den heiligen Odilien-*
berg, etc. Strassb. In-8°. Avec grav.

Le Pélérinage de Sainte-Odile. Strasb., 1774. In-8°. Avec 3 grav.

Silbermann, J. Andr. *Beschreibung von Hohenburg oder dem Odilienberge, sammt umliegender Gegend. Strassb.,* 1781. In-8°. Avec 20 planches gravées par Weiss.

Das Leben der heil. Odilia, erste Aebtissin zu Hohenburg. Strassb., 1805. In-18.

Vierling, Franç. H. *Beitrag zur Geschichte der Bergschlösser und Lagermauern auf dem vogesischen Gebirge überhaupt und der Burg Hoh-Andlau insbesondere. Strassb.,* 1807. In-8°.

Pfeffinger, Dr Joh. *Hohenburg oder der Odilienberg sammt seinen Umgebungen in topographischer und geschichtlicher Hinsicht. Strassb.,* 1812. In-8°. Avec 15 gravures.

(Venator, Pfr. in Barr). *Scenen aus dem Leben Odiliens. Strassb.,* 1822. In-12°.

Schweighæuser, J. G. Plan topographique de l'enceinte antique appelée le Mur payen, situé autour de la Montagne de Sainte-Odile et des monuments environnants, dressé par Thomassin, etc. Strasb., 1825. In-8°.

— *Neu aufgenommener topograph. Plan, der die Umgebungen des Odilienbergs einschliessenden Heidenmauer und der umliegenden Denkmäler, etc. Strassb.,* 1825. In-8°.

— *Auf dem Odilienberg im Herbst 1824. Strassb.,* 1824. In-8°. (Poésie.)

Karth, Nic. *Der Odilienberg und seine Umgebungen. Strassb.* (1825). In-8°. 15 lith.

Stoeber, E. *Kurzgefasste Lebensgeschichte der heiligen Odilia. Strassb.,* 1828. In-8°.

Rey, L. Notice historique sur la montagne de Sainte-Odile. Strasb., 1834. In-8°.

Strobel, A. W. *Silbermann, Beschreibung von Hohenburg oder dem Odilienberge, sammt umliegender Gegend. Strassb.,* 1835. In-8°. Avec 20 planches.

(Kuhn). *Die heilige Odilia, ihr Vaterland, Herkommen, Leben und Hinscheiden. Strassb.,* 1838. In-18.

Hirtz, D. *Der Odilienberg. Eine vaterlændische Erzählung für Kinder. Strassb.,* 1839. In-18. Avec 2 lith.

Reiner. Légendes et Traditions historiques. Sainte Odile, patronne de l'Alsace. Strasb., 1842. In-12. (Prospectus).

De Bussierre, Bon, M. Théod. Histoire de sainte Odile, patronne de l'Alsace. Paris, 1842. In-18. — Seconde édition. Paris, 1853. In-8°.

SCHNEIDER, J⁹. *Beiträge zur Geschichte der römischen Befestigungs-werke, insbesondere der alten Befestigungen in den Vogesen. Trier,* 1844. In-8°. Avec plan du mur payen.

Restauration de l'église et du pèlerinage de sainte Odile. Janvier, 1853. In-8°.

LEVRAULT, L. Sainte-Odile et le Héidenmauer. Traditions, Monuments et histoire. Colmar, 1855. In-8°. Avec un plan de l'enceinte du mur payen.

SCHIR, M., Vic. gén. de Strasbourg. Le Guide du pèlerin au mont de Sainte-Odile. Colmar, 1856. Avec 4 lith. et un plan du mur payen. In-12.

ENGELHARDT, *geb.* SCHWEIGHÆUSER, Ch. *Niedermünster. Mülhausen.* (1856). In-8°. (Poésie).

SCHWAB, F. *Levrault, L. Die heilige Ottilia und die Heidenmauer. Uebersetzt. Offenburg,* 1856. In-8°.

WILL, G. A. *Diss. de Foro Apii et Tribus Tabernis. Altorfii Noric.,* 1746. In-4°.

KLEIN, Ch. G. Saverne et ses environs, illustré par Eug. Laville et Mæstlé. Strasb., 1849. In-8°. Avec 17 lith. et 1 carte.

Relation de l'incendie du château de Saverne arrivé le 8 Sept. 1779. In-4°.

DORLAN, A. Notices historiques sur l'Alsace et principalement sur la ville de Schlestadt et les environs. Colmar, 1843. In-8°.

FRITSCH, J. T. M. L'église de Saint-George à Schlestadt ou Notices historiques et archéologiques sur le moyen âge. Mulhouse, 1856. In-12.

HÜTER, J. J. *Das Findlingsstift Stephansfelden. Strassb.,* 1810. In-8°.

VIERLING, Fr. H. *Das Denkwürdigste im vorigen Jahrhundert für die evangelischen Einwohner von Vendenheim. Strassb.,* 1801. In-4°.

EHRLEN, J. L. *Denkmal der zu Wasslenheim von Grund aus erwei-terten Pfarrkirche. Strassb.,* 1757. In-12.

HELMER, H. *Sammlung von geschichtlichen Notizen der Umgegend von Wasslenheim und Molsheim. Wasslenheim,* 1852. In-8°.

Erneuerte Ordnung der Stadt Weissenburg. Strassb., 1614. In-4°.
Deduction, dass Weissenburg am Rhein und Landau ihre immediat.

Ständ und Stimmen bei dem röm. Reich ... von unfürdenklichen Jahren herbracht haben. 1647. In-4°.

Summarischer Bericht und gründliche Deduction wegen beider Reichsstädte Weissenburg am Rhein und Landau wider Goslar, Mülhausen und Northausen in Thüringen. Strassb., 1653. In-4°.

De Papelier, Chr. Dav. *Diss. de Mundato Weissenburgensi. Argent.,* 1771. In-4°.

Buchholz. *Prodromus topographiæ medicæ Weissenburgensis. Argent.,* 1803. In-4°.

Zeuss, C. *Traditiones Possessionesque Wizenburgenses. Codices duo cum Supplementis. Spiræ,* 1842. In-4°.

Spach, L. L'abbaye de Wissembourg. Strasb., 1857. In-8°.

K. STRASBOURG.

1) En général.

Lorenz, J. M. *Urbis Argentoratus brevis historia. Sect.* I. *Argentoratus romanus ab A. Chr.* 156 - 456. *Argent.,* 1789. In-4°.

Wymphelingers *Tutschland zu Ere der Statt Strassburg und des Rinstroms* (1501). *Jetzo nach 147 Jahren zum Truck gegeben durch Hanss Michel Moscherosch. Strassb.,* 1648. In-4°.

(Ulric Werry d'Aarau). *Lobspruch der freien Reichsstadt Strassburg zu Ehre gestellet.* 1576. In-8°.

(Kleinlawel). *Strassburgische Chronik in Versen. Strassb.,* 1625. In-4°.

Bruno, M. Casp. *Der betrübten und bedrängten Stadt Strassburg Trauern über Trauern, etc. Strassb.,* 1634. In-4°.

Goldmeyer, And. *Strassburgische Chronika. Astrologisch beschrieben, darinnen von Ursprung, Erbauung und Erweiterung der Stadt Strassburg, etc. Strassb.,* 1636. In-4°.

Moscherosch, J. M¹. *Epistola : Imago Reipublicæ Argentinensis. Argent.,* 1648. In-4°.

Murscheln, Israel. *Flos Reipublicæ Argentinensis. Das ist Regiments-Blume, etc. Strassb.,* 1653. In-4°. Avec 1 grav.

Bernegger, J. Casp. *Forma Reipublicæ Argentoratensis. Argent.,* 1667. In-4°.

— *Delineatio formæ reipublicæ Argentoratensis. Argent.,* 1673. In-24.

(Bernegger, J. C.). *Descriptio particulæ territorii Argentinensis. Kurtze Beschreibung etlicher Stätte, Schlösser und Dörffer, welche umb Strassburg gelegen.* (*Strassb.*) 1675. In-fol. — Une 2ᵉ édition, augmentée de 10 pages, parut la même année.

Eigentlicher Bericht von Befestigung der so weit berühmten Stadt Strassburg. Frankf., 1683. In-4°.

Das franz. Elsass, oder neue Beschreibung der Stadt Strassburg. Strassb., 1706. In-fol. Avec grav.

Guy-Boucher. Alsace françoise ou Nouveau Recueil de ce qu'il y a de plus curieux dans la ville de Strasbourg, avec une explication exacte des planches en taille douce qui le composent. Strasb., 1706. In-fol. Avec 15 gravures.

Ravenstein. *Das unter Frankreichs Sonne beglückte Strassburg. Strassb.*, 1737. In-4°.

(Schweighæuser, Jos.). *Kurzer jedoch getreuer Wegweiser in Strass-burg. Strassb.*, 1765. 2e édition de 1768. In-8°.

Rautenstrauch, J. *Das beglückte Strassburg.* S. l., 1768. In-8°.

— *Strassburg nach seiner Verfassung. Colmar,* 1770. In-8°.

Silbermann, J. D. *Lokalgeschichte der Stadt Strassburg. Strassb.,* 1775. In-fol. Avec 16 planches et plans.

Description des 1Q Cantons de la ville (de Strasbourg). S. l. et d. In-12.

Beschreibung der 10 Cantone, in welche die Stadt (Strassburg) ein-getheilt ist. S. l. et d. In-8°.

Stadtbann. S. l. In-8°. (1789).

(De Hautemer). Description historique et topographique de la ville de Strasbourg. Strasb., 1785. In-12.

Friesé, J. *Neue vaterländische Geschichte der Stadt Strassburg und des ehemal. Elsasses. Strassb.*, 1791-1801. 5 vol. in-8°.

Coze. Recherches sur la population de Strasbourg, faites d'après les états civils. Paris, 1803. In-8°.

Noms des rues, places, portes et ponts de la ville de Strasbourg. Strasb., s. d. In-12. Fr. et all.

Hermann, J. F. Notices historiques, statistiques et littéraires sur la ville de Strasbourg. Strasb., 1817 et 1819. 2 vol. in-8°. Avec plan de Stras-bourg.

Descharrières, J. J. Observations sur les anciennes fortifications de Strasbourg et sur les écoles d'artillerie en France. Strasb., 1818. In-8°.

Aufschlager, J. F. *Uebersicht von Strassburg. Strassb.*, 1820. In-16°.

— Petit Tableau de Strasbourg ou Notices top. et hist. sur cette ville. Strasb., 1821. In-16.

Coqueugniot. Mémoire historique sur les anciens monuments militaires de Strasbourg. Strasb., 1822.

Notice sur la ville de Strasbourg. In-fol. S. l. et d. (1828). (Autographiée.)

Fargès-Méricourt, P. J. Description de la ville de Strasbourg avec un Supplément. Strasb., 1828. In-12 Avec 4 grav. — Nouveau Supplément : Aperçu des changements, etc., de 1828 à 1840. Avec 2 grav.

Strasbourg, ses monuments et ses curiosités, ou description de la Cathédrale de Strasbourg. Strasb., 1831. In-18. Avec grav.

Schmidt, Ch. Notice sur la ville de Strasbourg, ornée de 7 planches, d'une carte de chemin de fer et d'un plan de Strasbourg. Strasb., 1842. In-12.

Nouveau Guide de l'étranger dans Strasbourg. Strasb., 1842. In-16. Avec 10 lith.

Neuester Wegweiser für den Fremden in Strassburg. Strassb., 1842. In-16.

(Schneegans, L.). *Strassburgische Geschichte, Sagen, Denkmäler, Inschriften, Künstler, Kunstgegenstände und Allerley. Strassb., s. d. In-8°.*

De Lajolais, N. Étude historique et descriptive de Strasbourg et de ses environs. Paris. (1850). (Guide Chaix). In-16. Avec grav.

Piton, Fréd. Strasbourg illustré ou Panorama pittoresque, historique et statistique de Strasbourg et de ses environs. Strasb., 1855. 2 vol. in-4°, orné de 80 planches et 4 panoramas dessinés sur la plate-forme de la cathédrale.

(Morpain.). Daniel, le rogneur d'or. Épisode strasbourgeoise du XVe siècle. Strasb., 1857. In-18.

2) Constitution, etc.

Wencker, J. *Sturm von Sturmeck. Auszug aller gehaltenen Reichstäge von 1427 bis 1517. Strassb., 1740. In-fol.*

Berger, J. A. *Collatio Codicis juris Alemanici, etc., de anno 1434 cum Manuscripto, Argentorati anno 1505 impresso. Lipsiæ, 1726. In-4°.*

Canzley - Büchlein. Wie man schreiben soll und jeder in was würden, oder wesens er ist: geistlich und weltlich. Kurtz begriffen. Strassb., 1513. In-4°.

Der neu Layenspiegel von rechtmässigen Ordnungen in burgerlichen und peinlichen Regimenten. Mit Vorrede von Seb. Brand. Strassb., 1518. In-fol. Avec grav. sur bois.

Ordnung Kayserlicher Majestät delegirten Cammerrichtern in der Stadt Strassburg. S. l. et a. In-4°.

Uff Ròm. Kays. Majestät usgangen Pollicey unter Erasmus Bestetigten der Stifft Strassburg und Landgraven im Elsass verrer Ordnung, A. 1549 usgangen. S. l. et a. In-4°.

Strassburgische Newe Tax-Ordnung. Strassb., 1623. In-4°.

Schmid, J. Fr. *Consilia Argentoratensia sive illustria juris responsa.*
Argent., 1642. 2 vol. in-fol.

. Obrecht. *Gedenkrede. Strassb.*, 1659. In-fol. Avec 3 grav. sur bois.

Summarischer Bericht mit Beilagen A bis T von etlichen der Stadt
Strassburg zum h. Reich gebrachten Freiheiten. Auf was und
welcher Gestalt Kaisers Caroli und Commissarii in A. 1547 *da-*
selbsten geschworen worden. (*Strassb.*) 1662. In-4°.

Paulli, Sim. *Strassburgisches Kauf- und Handelsbüchlein über-*
sehen durch J. H. Heinricii. Strasb., 1672. In-16.

Taboris, Jo. Otto. *Relationes Argentoratenses.* S. l., 1675. In-4°.

Wencker, J. *Dissertatio de Pfalburgeris. Von Pfal-Burgern. Argent.*,
1692. *Id.*, 1698. *Id.*, 1704. In-4°.

—   *Disquisitio de Ussburgeris. Von Aus-Burgern. Argent.*,
1698. *Id.*, 1702. In-4°.

—   *Disquisitio de Glevenburgeris. Von Gleven-Burgern.*
Argent., 1698. *Id.*, 1702. In-4°.

Schilter, J. *Consilia Argentoratensia, vel illustria juris responsa*
a Marco Ottone. Vol. novum. Argent., 1701. In-fol.

Wencker, J. *Collectanea juris publici, etc. Argent.*, 1702. In-4°.

Schertzius, J. J. *Diss. de Differentiis aliquot Juris Statutarii Argent.*
et Juris civilis Romani. Argent., 1711. In-4°.

Mollinger, J. Fr. *Diss. de Jure Vexilli Argentoratensium. Argent.*,
1736. Avec une planche en taille douce.

Wencker, J. *De solennibus in Germaniæ Nundinis, et Specialia*
de Nundinis (*Messen*) *Argentoratensibus. Argent.*, 1754. In-4°.

Pastorius, J. M. *Kurze Abhandlung von den Ammeistern der Stadt*
Strassburg. Strassb., 1761. In-8°. (Avec les armoiries des Ammeister.)

Hammerer, J. F. *De quæstu Meretricio. Argent.*, 1764. In-4°.

Mueg, F. X. V. *Collatio Juris Statutarii Argentinensis et Juris Gal-*
lici, etc. Argent., 1768. In-4°.

Weber, Sam. Reinh. *De Jure molendorum. Argent.*, 1771. In-4°. Avec
1 grav.

Stoeber, Elias. *De Notariis inventarium conficientibus secundum*
Statuta Argentinensia. Argent., 1775. In-4°.

Lauth, J. Fr. *Conspectus Judiciorum Argentinensium. Argent.*, 1784.
In-4°.

Der Stadt Strassburg erneuerte Feuer-Ordnung, de A. 1786. *Strassb.*
In-12.

De Kentzinger, A. Vérités sur quelques faits d'administration municipale.
Strasb., 1831. In-8°.

Tableau synoptique des délibérations, du Conseil municipal de Stras-

bourg, avec indication des suites données aux affaires. Années 1836, 1837 et 1er semestre de 1838. In-8°.

Recueil des Arrêtés du Maire de Strasbourg sur la police de la ville. Strasb., 1839. In-8°.

Bernhard, M. B. Essai sur l'histoire municipale de la ville de Strasbourg. Paris, 1840. In-8°.

Schützenberger, G. F. Esquisse historique de la Constitution de Stras- bourg. Strasb., 1843. In-4°.

Heitz, F. C. *Das Zunftwesen in Strassburg. Geschichtliche Dar- stellung, begleitet von Urkunden und Aktenstücken. Mit Vorrede von L. Spach. Strassb.*, 1856. In-8°.

New Müntz-Edict des hochlöbl. Ober-Rheinischen Crayses, zu wel- chem die Städte Strassburg, Augsburg, etc. (Strassb.) 1620. In-4°.
Strassburgische Newe Müntz-Ordnung. (Strassb.) 1623. In-4°.
Reduction der königl. franz. Müntze. Strassb., 1681. In-4°. Avec grav.
Der abgewürdigten Gulden Ausrechnung gerichtet auf Reichsgeldt und Strasburgische Pfunde, Schillinge und Pfenninge. Strassb., 1681. In-8°.

Zoetchius, El. *De jure monetæ. Argent.*, 1702. In-4°.

Levrault, L. Essai sur l'ancienne monnaie de Strasbourg et de ses rela- tions avec l'histoire de l'Évêché, etc. Strasb., 1842. In-8°.

Wagner, Bernh. *Diss. de Pede Argentoratensium geometrico. Argent.*, 1676. In-4°.

Fleischmann. *De Judæis. Argent.*, 1663. In-4°.

Franck. *De Judæis. Argent.*, 1699. In-4°.

Schatz, J. *De Judæo tutore non Judice. Argent.*, 1735. In-4°.

Fischer. *De Statu et Jurisdictione Judæorum. Argent.*, 1763. In-4°.

Consultation pour les Préteur, Consuls et Magistrats de Strasbourg contre Cerf Berr. 1786. In-4°.

Beck. Factum ou Exposition des injustices et cruautés commises à Stras- bourg par Klingling. Francf., 1752. In-fol.

— *Factum. Darstellung der verübten Ungerechtigkeiten und Gewaltthaten Klinglings. Frankf.*, 1752. In-fol.

Mémoire de Mr de Klinglin, Préteur de Strasbourg. Grenoble, 1753. In-12.

Mémoire pour les héritiers de feu Mr de Klinglin contre le Magistrat de Strasbourg. (Strasb., 1753). In-12.

Mémoire pour le Magistrat de la ville de Strasbourg. (Strasb., 1753). In-12.

De Kentzinger, A. Des grains et de quelques objets de police de Strasbourg. Strasb., 1820. In-8°.

Strassburger Fruchtrechner. Strassb. (1826). In-12.

(Gross, G.). *Ueber den Fruchthandel. Strassb.*, 1830. In-8°.

3) Établissements divers.

Boschus, M. *Actus tres Academiæ reipubl. Argent. Argent.*, 1578. In-4°.

Jubilæum Lutheranum Academiæ Argentoratensis, sive Actus sæcularis gaudii, etc., Argent., 1617. In-4°.

Promulgatio Academicorum Privilegiorum ulteriorum quibus Ferdinandus II. Academiam sive Universitatem liberalissime donavit; celebrabatur die XIV. Aug. MDCXXI, *etc. Argent.*, 1623. In-4°.

Sacratissimi, Invictissimique Principis ac Domini Ferdinandi II. Rom. Imp. Privilegia Academiæ ulteriora. Strasb., 1630.

Rehlin. *Inclita Universitas Argent. ut erat ab anno 1643 descriptio. Argent.*, 1643. In-4°.

Dyas Orationum de ritu depositionis. Argent., 1666. In-12.

Ritus depositionis. Argent., 1666. In-12. Avec 20 grav. par M. H. Rapp.

Haffner, Isaac. De l'éducation littéraire ou Essai sur l'organisation d'un établissement pour les hautes sciences. Strasb., 1792. In-8°.

Oberlin, J. J. Discours pour l'ouverture de l'Académie des protestants. Strasb., 17 Nov. 1803. In-8°.

Haffner, I. Des secours que l'étude des langues, de l'histoire, de la philosophie et de la littérature offrent à la théologie. Discours prononcé à l'ouverture de l'Académie protestante. Strasb., 1804. In-4°.

(Roehrich, T. W.) *Das 300jährige Bestehen des geistlichen Studienstifts Sankt Wilhelm zu Strassburg. Strassb.*, 1843. In-8°.

Notice sur le Sémin. de la Conf. d'Augsb. établi à Strasb. Strasb., 1844. In-8°.

Notice sur les Fondations administrées par le Séminaire protestant de Strasbourg. Strasb., 1854. In-4°. — Le même ouvrage. In-8°.

Revendication par la ville de Strasbourg des biens détenus par le Séminaire protestant de cette ville. Strasb., 1855. In-8°.

Detroyes, Émile. Observations à l'appui de la demande d'autorisation du Maire de Strasbourg, etc. Strasb., 1855. 4 parties in-8°.

Chauffour, Ignace. Réponse aux Observations publiées par M. Émile Detroyes. Colmar, 1855 et 1857. In-4° et in-8°. (Et 18 autres publications au sujet de Saint-Thomas.)

Dasypodius, P. *De Schola urbis Argentinensis. Argent.*, 1556. In-12.

Sturmius, J. *Classicarum Epistolarum libri* III. *sive Scholæ Argent. restitutæ. Argent.*, 1566. In-12.

De restauratione et reformat. Gymnasii Argent. Argent., 1634. In-4°.

Schmidt, J. *Fünf Christliche Predigten auff dess Strassburgischen Gymnasii Jubelfest, A.* 1638. *Strassb.,* 1641. In-4°.

Walliser, C. F. *Fons Israelis, harmonia pro seculari Scholæ Argentor. Jubilæo. Argent.,* 1641. In-4°.

Strobel, A. G. Histoire du Gymnase protestant de Strasbourg. Strasb., 1838. In-8°. Avec 2 lithogr.

Boegner, C. H. Relation des solennités qui ont eu lieu le 13 et le 14 août 1838 à l'occasion de la 3e fête séculaire du Gymnase protestant de Strasbourg. Strasb., 1838. In-8°.

Mappi, Marc. *Catalogus plantarum horti Acad. Argent. Argent.,* 1691. In-18.

Villars, D. Catalogue méthodique des plantes du jardin de l'école de médecine de Strasbourg. Strasb., 1807. In-8°.

Nestler, C. G. *Index plantarum quæ in horto Acad. Argent. A.* 1817 *viguerunt. Argent.,* 1819. In-8°.

Catalogue méthodique des plantes du jardin botanique de Strasbourg. Avec une préf. du professeur Fée. Strasb., 1836. In-8°.

Fée, A. Histoire du jardin botanique de Strasbourg. Strasb., 1836. In-8°.

Statuts et Réglements de l'Académie de Musique établie à Strasbourg. 1731. In-fol.

Berg, Conrad. Aperçu historique sur l'état de la Musique à Strasbourg pendant les 50 dernières années. Strasb., 1840. In-8°.

Lobstein. *Beiträge zur Geschichte der Musik im Elsass und besonders in Strassburg. Strassb.,* 1840. In-8°. Avec 3 lithogr.

Museum Grauelianum sive Collectiones regni mineralis præcipue hist. nat. Argent., 1772. In-8°.

Lereboullet, A. Notice sur le Musée d'histoire naturelle de Strasbourg. Strasb., 1838. In-8°.

Musée de sculpture et de peinture de la ville de Strasbourg. 1840. In-8°.

Notice sur la Bibliothèque publique de Strasbourg. Strasb., s. a. In-12.

Notice sur l'origine des Bibliothèques publiques de la ville de Strasbourg. Strasb., 1844. In-8°.

Relevé des ouvrages nouveaux reçus à la Bibliothèque de la ville de Strasbourg. Strasb., 1839. 1840. In-8°.

Hagen. Notice histor. sur l'Aumônerie de Saint-Marc. Strasb., 1843. In-8°.

De Kentzinger, A. Des hospices civils de Strasbourg et de l'Hôpital en particulier. Strasb., 1823. In-8º.

Réponse de la Commission administrative des hospices à M. le Maire de Strasbourg. Strasb., 1823. In-8º.

De Kentzinger, A. Réplique à la Réponse de la Commission administrative des hospices. Strasb., Mai 1823. In-8º.

Hagen. Notice historique sur l'Hôpital civil de Strasbourg. Strasb., 1842. In-4º.

Inventaire des archives des hospices réunis, classés pendant les années 1841 à 1848. Strasb., 1848. Gr. in-folio.

(Roehrich.). *Das Waisenhaus in Strassburg. Strassb.*, 1843. In-8º.

Einweihung der neuen Erziehungs-Anstalt im Strassburger Waisenhause. Strassb., 1779. In-8º.

Mémoire adressé au Roi par le Chapitre de la Cathédrale de Strasbourg pour la révendication du bâtiment de l'ancien Séminaire. Strasb. (1814). In-8º.

Marchal, J. L. A. Notice sur les prisons de Strasbourg. Strasb., 1841. In-8º. Avec 3 lith.

Parallèle du théâtre Napoléon de Strasbourg avec diverses salles de l'Europe, par Robin. Strasb. (1811). In-4º.

Eigentliche Vorstellung der heutigen Strassburger Mode und Kleidertrachten. Strassb., 1731. In-4º. Fr. et all.

Représentation des modes et habillements de Strasbourg. 16 planches. Gr. in-24.

4) Cathédrale.

Frischlinn, N. *Carmen de astronomico Horologio Argentoratensi. Argent.*, 1575. In-4º.

Horologium astronomicum Argentoratense. Strassb., bei Tscherning. (Une gravure de l'horloge de la Cathédrale, accompagnée de 152 vers latins). In-fol.

Dasypodius, M., Conrad. *Wahrhafftige Auslegung des Astronomischen Uhrwerks zu Strassburg. Strassb.*, 1578. In-4º. Avec la représentation de l'horloge.

— *Heron mechanicus, seu de machinis artibus atque disciplinis. Ejusdem horologii astronomici Argentorati in summo templo erecti descriptio. Argent.*, 1580. In-4º.

Fischart. *Erklärung des Monumentum, welches allhie im Münster gegen der Kanzel über zu sehen ist. Strassb.*, 1608. In-fol. Avec grav. sur bois.

Schadæus, Oseas. *Summum Argentoratensium templum : Das ist :*

*Aussführliche und Eigendtliche Beschreibung dess viel Künst-
lichen, sehr Kostbaren und in aller Welt berühmten Münsters zu
Strassburg. Strassb.,* 1617. In-4°. Avec beaucoup de gravures en
taille douce par Isaac Brun et quelques gravures sur bois.

(GOLDMEYER.) *Argentoratensium templum summum, Das ist, Eygent-
liche Beschreibung des viel Künstlichen, sehr kostbahren, unnd
in aller Welt berühmten Münsters zu Strassburg. Strassb.,* 1636.
In-4°.

*Excerpta historica de encomiis summi templi Argentinensis et
Mercati Adolphino. Von der Kirchweihe des Münsters und
Adolphs-Markt zu Strassburg. Strassb.,* 1680. In-4°.

Description de l'horloge de l'église cathédrale de Strasbourg. Strasb.,
1732. In-fol. Fr. et all.

Description de la Cathédrale de Strasbourg, tirée des meilleurs auteurs
qui ont écrit. Strasb., 1734. In-4°.

Beschreibung des Münsters zu Strassburg. Strassb., 1737. In-4°.

BEHR, Dr, G. H. *Strassburger Münster- und Thurmbüchlein. Strassb.,*
1749. In-12. Avec 9 grav. *Idem,* 1752.

BARBIER DE TINAN. Mémoire sur la manière d'armer d'un conducteur la
cathédrale de Strasbourg. Strasb., 1780. In-8°.

GRANDIDIER, abbé. Essai historique et topographique sur l'Église cathédrale de Strasbourg. Strasb., 1782. In-8°. (Tome Ier.)

SCHWEIGHÆUSER, Jos. Description nouvelle de la Cathédrale de Strasbourg et de sa fameuse tour, etc. Strasb., 1765. In-8°.

Idem. 2e édition, de 1768; 3e édition, de 1770; 4e édition, de 1780.

*Beschreibung des Strassburger kunstreichen Münsters und Thurmes.
Strassb.,* 6 éditions, s. a. In-12. Avec grav.

MILLER. Description nouvelle de la Cathédrale de Strasbourg et de sa
fameuse tour. Strasb., s. a. In-12. Avec fig. 6 éditions.

LANGER, S. Commentaire sur les quatre vieux tableaux originaux sus-
pendus au Temple de la Raison à Strasbourg. Strasb.
(1794). In-4°.

— *Darstellung und Erklärnng vier uralter Gemälde von
Meisterhand, welche in dem ehemaligen Münster, dem
nunmehrigen Tempel des höchsten Wesens, aufgestellt
sind. Strassb., im II. Jahr der Republ.* In-4°.

WEDEKIND. *Etwas vom Vandalismus in Strassburg verübt im andern Jahr der Republik. Schreiben an Bürger Grégoire in Paris.
Strassb.,* 1794. In-8°.

Arrêté du Maire de la ville de Strasbourg, relatif à la conservation du
monument de la Cathédrale et de sa tour. Strasb., 1810. In-4°.

Stoeber, E. *Der Sommerabend auf dem Münster zu Strassburg.* *Strassb.*, s. d. In-12.

Schuler, Th. *Das Strassburger Münster.* Strasb., chez J. F. Schuler, 1817. In-8°. Avec 6 grav. par Ch. Schuler.

De Wiebeking. Description de la Cathédrale de Strasbourg. Munich, 1826. Gr. in-4°. Avec 6 pl. gr. in-fol.

Chappuy. Vues pittoresques de la Cathédrale de Strasbourg et détails remarquables de ce monument, avec un texte historique et descriptif par J. G. Schweighæuser. Strasb., 1827. In-fol. 3 livr. avec planches lithogr.

Schreiber. *Das Münster zu Strassburg, und Verzeichniss der merk-würdigen Künstler der Stadt Strassburg und des Elsasses über-haupt, von Ad.,Walter Strobel. Carlsr. und Freib.,* 1829. In-fol. et in-8°. Avec 12 planches lithogr.

Établissement d'un paratonnerre sur la flèche de la Cathédrale de Strasbourg. Strasb., 1833. In-8°.

Schnéegans, L. Essai historique sur la Cathédrale de Strasbourg. Strasb., 1836. In-8°.

Erinnerungsbüchlein für fremde und einheimische Freunde des Strassburger Münsters. Strassb., 1836. In-8°.

Münstergedichte zur Feier des 400jährigen Münster-Jubiläums. Am Johannistage 1839. *Strassb.* In-8°.

Friederich et Sandmann. La Cathédrale de Strasbourg et ses détails. Strasb., 1839. Gr. in-fol. Avec lith.

Friederich, And. Restauration du chœur de la Cathédrale. S. d. In-4°.

Spach, L. Une charte de l'évêque Conrad de Lichtenberg de 1273. Strasb., 1841. In-8°.

Fargeaud, A. L'ancienne et la nouvelle horloge astronomique de la Cathédrale de Strasbourg. Strasb., 1842. In-8°.

Caroline L. Notre-Dame de Strasbourg. Poésie. Strasb. (1842). In-8°.

Schmidt, Ch. Notice historique sur l'horloge astronomique de la Cathé-drale de Strasbourg, publiée à l'occasion de la fête donnée à M. Schwilgué, père, par ses concitoyens. Strasb., 1842. In-8°.

— *Bericht über das astronomische Uhrwerk des Strass-burger Münsters, verfasst bei Gelegenheit des Hrn. Schwilgué, Vater, durch seine Mitbürger gegebenen Festes, etc. Strassb.,* 1842. In-8°.

Von Goerres, J. *Der Dom von Köln und das Münster von Strass-burg. Regensburg,* 1842. In-8°.

Edel, F. W. *Die astronomische Münsteruhr in Strassburg. Mittheilungen zur Kenntniss ihrer ältern und neuern Geschichte. Strassb.*, 1843. In-8°. Avec l'ancienne gravure de l'borloge.

Schwilgué, Ch. Description abrégée de l'horloge astronomique de la Cathédrale de Strasbourg. Strasb., 1843. Avec grav.

— *Kurze Beschreibung der astronomischen Uhr des Strassburger Münsters. Strassb.*, 1843. In-12. Avec lith. 2 éditions.

Strobel, A. W. *Das Münster in Strassburg, geschichtlich und nach seinen Theilen geschildert. Strassb.*, 1844. In-12. Avec 4 gravures sur acier par Wagner.

Guerber, abbé V. Essai sur les vitraux de la Cathédrale de Strasbourg. Strasb., 1848. In-8°. Avec 4 planches coloriées.

Schnéegans, L. *Strassburger Münster-Sagen, aus Urkunden, Chroniken und sonstigen Quellen gesammelt und dargestellt. St. Gallen*, 1852. In-8°.

Straub, abbé (A.). Le Symbolisme de la Cathédrale de Strasbourg. Strasb., 1855. In-8°. — *Idem*, 2° édition de 1856.

Schnéegans, L. L'épitaphe d'Ervin de Steinbach à la Cathédrale de Strasbourg. Colmar, 1856. In-8°. Avec lithogr.

5) Autres églises.

Einweihung der evang. Pfarrkirche zu St. Aurelien in Strassburg. Strassb., 1765. In-18.

Straub, abbé (A.). Notice sur les verrières de l'église aujourd'hui paroissiale de l'ancien couvent de Sainte-Marie-Magdeleine à Strasbourg. Strasb., 1856. In-8°.

(Roehrich, T. W.) *Die evangelische Kirche auf dem Neuhof, bei Strassburg. Strassb.*, 1852. In-8°.

Edel. *Die Neue Kirche in Strassburg. Nachrichten von ihrer Entstehung, ihren Schicksalen und Merkwürdigkeiten, besonders auch vom neuentdeckten Todtentanze. Strassb.*, 1825. In-8°. Avec 7 lithogr.

Strobel, A. W. *Geschichte der Kirche zum Alten St. Peter. Strassb.*, 1824. In-8°. Avec 2 lithogr.

Das St. Petrusbild auf dem Thurme der Kirche zum Alt St. Peter. Strassb., 1849. 3 pièces in-8°.

Lambs, J. Ph. *Die Jung St. Peterkirche in Strassburg. Eine geschichtliche Darstellung. Strassb.*, 1854. In-8°.

Huber, J. R. *Predigt gehalten am Einweihungsfeste des neuen Bethauses der reformirten Gemeinde in Strassburg, den 21. März 1790. Strassb.* In-8°.

Mæder, A. Notice historique sur la paroisse réformée de Strasbourg et Recueil de pièces probantes. Strasb., 1853. In-8°.

Riff. *Jubelfeier zum Andenken des 500jährigen Bestehens der Kirche in der Ruprechtsau. Strassb.,* 1841. In-12.

Heitz, F. C. *Die Thomas-Kirche in Strassburg. Ein Beitrag zur Geschichte unserer Vaterstadt. Strassb.,* 1841. In-8°.

Schnéegans, L. L'église de Saint-Thomas de Strasbourg et ses monuments. Strasb., 1842. In-8°. Avec 5 gravures.

Description du mausolée du Maréchal comte de Saxe, érigé dans l'église de St. Thomas à Strasbourg par ordre de S. M. le Roi Louis XV en 1776, et Description de quelques autres monuments qui se trouvent dans la même église. Strasb., 1829. In-8°.

Beschreibung des Grabmahls des Marschalls von Sachsen, welches in der Thomas-Kirche zu Strassburg auf Befehl S. M. Ludwig XV, im Jahr 1776, errichtet worden ist, und Beschreibung einiger andern Denkmale in dieser Kirche. Strassb., 1829. In-8°.

Oberlin, J. J. *Nähere Auskunft über die zween in der Thomaskirche zu Strassburg noch erhaltenen Todtenkörper, und zugleich des ehmal. Klosters St. Nicolai in undis.* In-4°. 1er Messidor an X.

Auf der alten Glocke von St. Thomas war folgende Aufschrift gegossen. 1783. 1 feuille in-fol.

Huber, J. *Christliche Danck- und Denckpredigt bei glücklich vollbrachter Erweiterung und Verneuerung der Pfarr-Kirch St. Wilhelm, nebst Bericht über diese Kirche und das uralte Stift St. Stephan. Strassb.,* 1657. In-4°. Avec gravures.

(Rœhrich.) *Einige Nachrichten über die Pfarrkirche St. Wilhelm. Strassb.,* 1818. In-12.

Rœhrich, T. W. *Geschichte der Kirche St. Wilhelm in Strassburg. Strassb.,* 1856. In-8°. Avec lith.

6) Fêtes.

(D'après l'ordre chronologique.)

(Maurer, Hans Rudolph.) *Der warme Hirsbrey von Zürich auf dem Freyschiessen von Strassburg 1576 und 1588. Zürich,* 1792. In-4°. Avec gravures.

*Das glückhaft Schiff von Zürich. Ein Lobspruch von der Glück-
lichen und Wolfertigen Schiffart einer bürgerlichen Gesellschaft
aus Zürich auff das ausgeschriebene Schiessen gen Strassburg,
den 21 Juni* 1576. S. l., 1576. In-4°.

SPINDLER, C. *Blümlein Wunderhold, oder Abentheuer bei dem grossen Freischiessen zu Strassburg im Jahr* 1576. *Strassb.,* 1824.
In-12. Avec une lith.

GUALTHERI, Rod., jun. *Argo Tigurina. Elegia de navi qua delecti cives
Tigurini ex Tiguro Argentinam vecti sunt. Tiguri,* 1576. In-4°.

(RING.) *Ueber die Reise des Zürcher Breitopfes nach Strassburg*
(1576). *Baireuth,* 1787. In-8°.

HALLING, Karl, und UHLAND, Dr Ludw. *Fischart, genannt Mentzer:
Glückhaftes Schiff von Zürich* (1576). *Tübingen,* 1828. In-8°.

WEISSER, Ad. *Geschichte des glückhaften Schiffes, oder der warme
Hirsbrei auf dem Freischiessen zu Strassburg,* 1576. *Zürich,*
1856. In-8°.

SIEBENZIGER (Regenstauffensis). *Encomium Argentinæ. Argent.,* 1603.
In-4°.

*Ordentliche Beschreibung welcher Gestalt das Nachbarliche Bünd-
niss und Verein der dreien löbl. freien Reichstädte Zürich, Bern
und Strassburg dieses gegenwärtige* 1588 *Jahr ist erneuert, be-
stätigt und vollzogen worden. Strassb.,* 1588. In-4°. Avec beaucoup de grav. sur bois.

DISDORPIUS, Maur. Holsata. *Carmen de auspic. fœderis vetusti inter
tres principes ac potentissimas civitates Tigurinam, Bernensem
et Argentinensem,* 1588. *Argent.,* 1588. In-4°.

*Verzeichnus des Inzugs der löbl. Eidgenossenschaft zu Strassburg,
den* 11 *Mai* 1588. In-fol.

*Ad inclytum Argentoratum de renovatione vetusti fœderis cum
illustrissimis ac potentissimis Civitatibus Helvetiorum Tiguro et
Berna. Facta III Maji A. D.* 1588. In-fol.

*Glück- und Heilwünschung zur Vereinigung und Bundes-Erneue-
rung der dreien Stätt Zürich, Bern und Strassburg. Im Mai* 88
beschehen. In-fol. 1588. (Poésie.)

*Specification und Verzeichniss etlicher fürnemen Stück die zu dem
Hanauischen Glückshafen gefertigt in Strassburg öffentlich aus-
gesetzt sind, etc. Strassb.,* 1590. In-4°.

*Eigentliche und ordentliche Beschreibung des Uebungsschiessens
mit groben Stücken, etc. Strassb.,* 1590. In-4°.

Bericht von der Erfindung der Buchdruckerey in Strassburg.
Strassb., 1640. In-4°. Publié à l'occasion du 2ᵉ anniversaire de l'invention de l'imprimerie (et 2 pièces y relatives).

Einzug der Frauen M. A. Christinæ Victoriæ als nunmehr Msgr. le
Dauphin Gemahlin. Strassb., 1680. In-4°.

Entrée de Louis XIV dans la ville de Strasbourg, 23 Octobre 1681. In-4°.

La glorieuse entrée de Louis XIV à Strasbourg. Octob. 1681. Strasb.,
1681. In-fol. Fr.-all. Avec grav.

Abbildung und Beschreibung des herrlichen und prächtigen Ein-
zugs des allerchristl. Königs Ludwig des Grossen, Königs von
Frankreich und Navarra. So geschehen in Strassburg den 23.
Oct. 1681. *Strassb.* In-fol. Avec grav.

Eigentliche Vorstellung welchermassen Ludwig XIV, König von
Frankreich und Navarra u. s. h. G. als Bischof zu Strassburg
ihren solennellen Einzug in die vor diesem sehr berühmte Reichs-
stadt Strassburg gehalten, etc. Augsb. Grav. et texte in-fol.

Vorstellung wie Ludwig XIV und der Bischof ihren Einzug in
Strassburg gehalten. 1681. 1 feuille grav. avec texte en fr. et all.

La magnifique entrée de S. A. le Prince François Égon, Évesque de Strasbourg, dans la ville de Strasbourg le 20 Oct. 1681 ; aussi la Réconci-
liation de l'Église et la glorieuse réception de S. M. très-chrétienne.
1681. In-4°.

Narratio succincta eorum quæ circa solemnem Episcopi Argenti-
nensis in eandem urbem ingressum, Cathedralis itidem basilicæ
beat. Virginis reconciliationem factam denique cl. Episcopo
cleroque universo Regis Ludovici magni receptionem. 1681. In-4°.

Wahrhafter Bericht was gestalten Frantz Egon v. Fürstemberg,
Bischof von Strassburg, seinen Einzug in Strassburg hielt und
den König empfangen. Strassb., 1681. In-4°.

Zuschrifft begreifend den Inhalt des Kunstfeuers, welches Strass-
burg hat spielen lassen über der Geburt des königlichen Enkels.
Strassb., 1682. In-fol.

Schmuck, F. W. *Freudenfest oder kurze Beschreib- auch Abbildun-*
gen derer Festifitäten... bei der Geburt des königl. Enkels,
Herzog zu Burgund, etc. 1682. In-4°.

Description des feux d'artifice que le Magistrat de la ville de Strasbourg
fit tirer à Strasbourg le 6 Février 1688 en réjouissance de la paix.
Strasb., 1688. In-fol. Avec fig.

Description de la fontaine de vin donné au peuple par le Magistrat de Strasbourg en réjouissance de la paix de Riswick. Strasb., 1698. In-fol.

Dessin de l'illumination préparée au Collége royal des Jésuites de Strasbourg pour la réjouissance de la paix. Strasb., 1698. In-4°.

Te Deum pour la paix. Strasb., 1698. In-4°.

Relation en forme de Journal de ce qui s'est passé à Strasbourg à l'occasion du mariage du Roi très-chrétien avec la Princesse de Pologne. Strasb. (15 Août), 1725. In-4°.

Harangue du Cardinal de Rohan à la Reine de France avant le mariage célébré en l'église cathédrale de Strasbourg, le 15 Août 1725. In-4°.

Poésies diverses sur le mariage du Roi avec la Princesse Royale de Pologne. Strasb., 1725. In-8°.

Schoepflini *Programma. Argent.*, 1740. In-4°. Publié à l'occasion du 3e anniversaire de l'invention de l'imprimerie (et 5 pièces y relatives).

Relation de ce qui a été observé à Strasbourg pour les réjouissances de la convalescence du Roy, pour son entrée et réception. Strasb., 1744. In-4°.

Le Bal de Strasbourg. Divertissement allemand au sujet de la convalescence du Roi. Strasb., 1744. In-8°.

Nachricht von den Freuden-Bezeugungen, welche in Strassburg wegen der Wiedergenesung des Königs und bei seinem Empfang, etc., vorgenommen worden. Strassb., 1744. In-4°.

Représentation des fêtes données par la ville de Strasbourg pour la convalescence du Roi, à l'arrivée et pendant le séjour de S. M. en cette ville. Inventé, dessiné et gravé par J. Weiss. Paris, 1744. Gr. in-fol. Avec 11 gravures et 20 pages de texte, imprimé en taille douce.

Description des festes et rejouissances célébrées à Strasbourg pour la Convalescence du Roy; à l'arrivée et pendant le séjour de S. M. en cette ville. Strasb., 1744. In-4°.

Lichtenberger. *Ausführliche und richtige Erzehlung aller feyerlichen Zurüstungen und Lustbarkeiten, welche bey der Ankunft Ludwig XV statt hatten. Strassb.*, 1744. In-4°.

Vollständige Nachricht von denen Freudenbezeugungen bei Empfang S. Königl. Majestät. Strassb., 5 Oct. 1744. In-4°.

Été de Louis le bien-aimé en 1744. Poésie. In-4°.

Relation de ce qui a été observé dans l'église catholique de Strasbourg à l'entrée du roi Louis XV en cette ville en 1744. Strasb., 1744. In-4°.

Représentation et description du feu d'artifice tiré sur la rivière d'Ill devant le palais épiscopal le 27 Janvier 1747, par ordre de MM. le Magistrat de la ville de Strasbourg, à l'occasion de l'arrivée de Mad. la Dauphine. In-fol. Avec grav.

WOHLRAB, M. *Lobrede der Dauphine Maria Josepha, Prinzessin von Polen, bei ihrem Einzug in Strassburg.* 27 Janv. 1747. In-4°.

BUCHNER, J. P. *Freudige Zeitung dess Friedens als derselbe zwischen...den 28 Oct. 1748 geschlossen. Mit emblematischen Sinnbildern und lustigem Gespräch. Strassb., 1749. In-4°.*
— *Schuldiges Dankopferlied als das prächtige Feuerwerk wegen dem Frieden zu Strassburg den 23 Febr. 1749 gehalten wurde, sammt einem curiosen Gespräch. Strassb., 1749. In-4°.*

Die bei dem längst erwünschten Edeln Frieden gemachte Vorstellung des künstl. Feuerwerks, so zu Strassburg auf der Ill den 23 Februar 1749 gehalten worden. 1749. In-4°.

TREITLINGER, J. C. *Die Friedensfeier, ein allegorisches Schauspiel. Strassb. (1749). In-12.*

Erzählung eines Elsasser Bauernmägdleins von dem Freudenfest in Strassburg. Febr. 1749. In-4°.

Représentation des édifices et décorations élevés et du feu d'artifice exécuté le 23 Février 1749, par les ordres du Magistrat de Strasbourg, sur la rivière d'Ill, proche l'hôtel du gouvernement, à l'occasion de la paix. Strasb. Gr. in-fol. Avec texte. •

Strassburger Freudenfest auf die Geburt eines Duc de Bourgogne, 13 Sept. 1751. In-4°.

Die an dem Strassburger Freudenfest auf die Geburt eines Duc de Bourgogne entworfenen Sinnbilder in einem Feuerwerk, 3 Oct. 1751. In-4°.

Relation fidèle et circonstanciée des obsèques et cérémonies faites à Strasbourg par ordre du Roy... à l'entrée et inhumation de M. le Maréchal Comte de Saxe. Strasb., 1751. In-4° (et 26 autres pièces relatives à cette fête funèbre).

Description des fêtes données par la ville de Strasbourg à Mad. Marie-Antoinette, Dauphine de France, lors de son passage en cette ville, le 7 Mars 1770. Strasb. In-4°.

Beschreibung der festlichen Anstalten bei der Gegenwart in Strassburg der Prinzessin Maria Antonia, vermählte Dauphine von Frankreich, den 7 März 1770. Strassb., 1770. In-4°.

RAUTENSTRAUCH, J. *Der glückliche Frühling des franz. Liliengartens, betreffend die Vermählung des Dauphin mit Antonia, Erzherzogin von Œstreich. Strassb., 1770. In-4°.*
Ode bei der Ankunft der Marie Antoinette, verlobte Dauphine, in Strassburg. 1770. In-4°.

BLESSIG, J. L. Discours prononcé par ordre du Magistrat de Strasbourg à l'occasion de la translation du Corps de M. le Maréchal de Saxe dans l'église de Saint-Thomas, le 20 Août 1777. Strasb, 1777. In-4° (et 15 autres pièces relatives à la translation du Maréchal).

Ode an den Kayser bei dessen Ankunft in Strassburg. 1777. In-4°.

Relation des réjouissances ordonnées et faites par la ville de Strasbourg dans les derniers jours du mois de Septembre 1784 à l'occasion de l'époque séculaire de la soumission de cette ville à la France en 1684. Strasb., 1784. In-4° (et 12 autres pièces relatives à ces fêtes).
BLESSIG, J. L. *Jubelrede bei Strassburgs Jubiläum in dem zweiten Jahrhundert unter Frankreichs Regierung. Nebst Zeittafeln der Geschichte von Strassburg. Strassb., 1784. In-8°.*

Lettre du Roi au Cardinal de Rohan et Mandement du Cardinal de Rohan sur la naissance du Dauphin. 22 Oct. 1781. In-fol.
Détail des cérémonies qui ont été observées par les juifs d'Alsace à l'occasion de la naissance du Dauphin. 1781. In-4°.
Der Kriminalprozess. Comédie en réjouissance de la naissance du Dauphin. 11 Nov. 1781. In-8°.

Procès-verbal de l'installation de la Municipalité de Strasbourg. Strasb., 18 Mars 1790. In-8°.
Aktenmässige Beschreibung der Feyerlichkeiten bei Einsetzung der Munizipalität in Strassburg. Strassb., 1790. In-8°.
Procès-verbal de la Confédération de Strasbourg. Strasb., 13 Juin 1790. In-8° (et 45 autres pièces relatives à cette fête).
Arrêté du Corps municipal de Strasbourg portant invitation d'illuminer les façades des maisons, pour célébrer le retour du Roi dans la capitale. 26 Juin 1791. In-fol.
Arrêté de la Municipalité pour la fête de la promulgation de l'acte constitutionnel. Strasb., 25 Sept. 1791. In-4°. Fr.-all. (et 3 autres pièces relatives à cette fête).
BLESSIG, J. L. *Rede bei Anlass der öffentl. Feyerlichkeit über den glücklichen Erfolg unserer Waffen. Strassb., 28 Oct. 1792. In-12.*

Description de la fête de la raison au 30 Brumaire an II. Strasb., 1793. In-8°.

Boy. Discours prononcé dans le temple de la raison à Strasbourg. Strasb., 30 Nov. 1793. In-8°.

Robespierre, Max. *Bericht über die* (36 *jährlichen*) *Nationalfeste.* *Strassb., 7 Mai* 1794. In-8°.

Procès-verbal et description de la fête de l'Être suprême. Strasb., 8 Juin 1794 (et 12 autres pièces relatives à cette fête).

Bailly. Discours et procès-verbal de la fête du 2 Pluviôse (21 Janvier). Strasb., 1795. In-4°. Fr. et all.

Procès-verbal de la Municipalité de Strasbourg sur la célébration de la cérémonie funèbre en mémoire du général Hoche. Strasb., 21 Oct. 1797. In-8° (et 2 autres pièces y relatives).

Butenschoen. *Republikanische Rede gehalten am Friedensfest zu* ·*Strassburg. Strassb.,* 20 *Dec.* 1797. In-8°.

Fête funèbre en mémoire des citoyens Bonnier et Roberjot (assassinés près Rastadt). Strasb., 1er Juin 1799. In-fol. Fr.-all.

Fête du 1er Vendémiaire et inauguration du Monument voté à l'armée. Strasb., 23 Sept. 1801.

Arrêté du Maire de Strasbourg concernant la fête de la paix. Strasb., 9 Nov. 1801. In-fol. Fr.-all. (et 8 autres pièces y relatives).

Blessig, J. L. Discours sur la paix des peuples et la liberté des consciences. Strasb., 9 Mai 1802. In-4° (et 6 autres pièces relatives à cette fête).

Notices sur les solennités célébrées à Strasbourg par le département du Bas-Rhin, le jour du couronnement de Napoléon Ier, le 11 Frimaire an XIII (2 Déc. 1804). Strasb. In-4°. Avec plusieurs plans.

Relation de la fête célébrée à Strasbourg pour le couronnement comme Roi d'Italie de S. M. Napoléon Ier. 13 Mai 1805. In-8°.

Récit de la fête donnée à S. Exc. M. Kellermann. Strasb., 16 Mai 1805. In-8°.

Programme de la réception de l'Empereur et de la Grande Armée à Strasbourg. 22 Déc. 1805. In-8° (et 3 autres pièces).

Relation des fêtes données par la ville de Strasbourg à LL. MM. II. et RR. les 22 et 23 Janvier 1806, à leur retour d'Allemagne. Strasb., 1806. In-fol. Avec 5 gravures par Zix.

Réception de S. M. l'Impératrice-Reine, Marie-Louise d'Autriche. Strasb., Mars 1810. In-4° (et 4 autres pièces).

Fêtes pour la célébration de la naissance du prince impérial Roi de Rome. Strasb., 13 Avril 1811. In-8°.

Relation de l'arrivée du duc de Berry à Strasbourg, le 3 Oct. 1814. In-4° (et 4 autres pièces).

Sourdon de la Corellerie. Chants d'amour au passage du duc de Berry à Strasbourg. 1814. In-8°.

Fédération alsacienne. 1815. In-8° (9 pièces).

Circulaire du Directoire de la Confession d'Augsbourg concernant la cé-lébration du 3e Jubilé de la Réforme. Strasb., Oct. 1817. In-4° Fr.-all. (et 54 autres pièces y relatives).

De Kentzinger. Sur le séjour du duc d'Angoulême à Strasbourg, le 29 Mai 1820. In-8°.

Matter, J. J. Discours prononcé au Temple-Neuf, à la naissance du duc de Bordeaux. Strasb., 8 Oct. 1820. In-8°.

Réjouissances publiques pour la naissance du duc de Bordeaux. Relation de Strasbourg. 8 Oct. 1820. In-8°.

Naissance du duc de Bordeaux. Strasb., 1820. In-4°. Poésie.

Service funèbre à la mémoire de Louis XVIII, célébré dans l'église ré-formée, le 30 Sept. 1824. Strasb., 1824. In-8° (et 4 autres pièces sur la même fête funèbre).

Instructions et prières pour le Jubilé universel de l'an de grâce 1826. Strasb., 1826. In-8°.

Charles X en Alsace. Sept. 1828. In-8°.

Voyage de S. M. Charles X en Alsace. Strasb., 1828. In-8°.

Fargès-Méricourt. Relation du Voyage de Charles X en Alsace. Strasb., 1829. In-4°. Avec 12 lithogr.

—   *Beschreibung der Reise Carls X durch das Elsass, übers. von B. Dietz. Strassb.*, 1829. In-4°. Avec 12 lith. (ainsi que 10 autres pièces relat. au voyage du roi).

Hymne alsacienne composée par la Réunion musicale alsacienne, exé-cutée à Strasbourg le 15 Avril 1830. Paroles de Fargès-Méricourt; musique de Jupin. Strasb., 1830. In-fol.

Circulaire du Directoire de la Confession d'Augsbourg concernant la célé-bration du 3e Jubilé de la Confession d'Augsbourg. Strasb., Juin 1830. In-4°. Fr. et all. (et 21 autres pièces relatives à ce jubilé).

La Commission municipale de Strasbourg à ses concitoyens. (Fête de l'avénement au trône de Louis-Philippe.) Strasb., 13 août 1830.

Discours adressé au Roi (Louis-Philippe) et Réponse de S. M. Strasb., 18-22 Juin 1831. Strasb. et Mulhouse, 1831. In-8° (2 pièces).

(Danzas.) L'Alsace telle qu'elle est, ou Réflexions d'un patriote alsacien à l'occasion du voyage du Roi (Louis-Philippe). Strasb., 1830. In-8°.

Mariage du duc d'Orléans. 13 Juin 1837. (2 pièces).

Réunion musicale à l'occasion de l'invention de l'imprimerie. (1836). (3 p.)

Naissance du Comte de Paris, 24 Août 1838. (2 pièces).

Relation complète des fêtes de Gutenberg célébrées à Strasbourg, les 24, 25 et 26 Juin 1840. Strasb., 1841. In-8°. Avec grav. sur bois et 49 lithogr. (et 51 autres pièces relatives à cette fête).

De Suzor, comte. Inauguration du Chemin de fer de Strasbourg à Bâle. Mulhouse, 1840. In-8°.

Chevalier, M. Lettres sur l'inauguration du Chemin de fer de Strasbourg à Bâle. 1840. In- 8°.

Service funèbre à la mort du duc d'Orléans. Strasb., 1842. (4 pièces).

Fêtes commémoratives de la réunion de l'Alsace à la France, le 22-24 oct. 1848. In-fol. Avec 3 grav. (2 pièces).

Fêtes républicaines en 1848. (4 pièces).

Leblois, L. Discours prononcé en l'église du Temple-Neuf à Strasbourg, le 16 Sept. 1855, à l'occasion de la prise de Sébastopol. Strasb., 1855. In-8°.

— Prières et discours prononcés à l'église du Temple-Neuf à Strasbourg, le 23 mars 1856, à l'occasion de la naissance du Prince impérial. Strasb., 1856. In-8°.

Première réunion des chanteurs alsaciens. 1er et 2 juin 1856. In-8° (3 p.)

II. HISTOIRE NATURELLE.

A. EN GÉNÉRAL.

Friesé, J. *Etwas über die Naturgüter des Elsasses. Strassb.*, 1796. In-12.

B. MINÉRALOGIE.

Dissertation sur l'état ancien et moderne des montagnes d'Elsass. S. l. et a. In-4°.

(Basin). Traité sur l'acier d'Alsace ou l'art de convertir le fer de fonte en acier. Strasb., 1737. In-12.

Binninger, L. R. *Oryctographia agri Buxovillani et viciniæ. Argent.*, 1762. In-4°.

Treitlinger, Fr. L. *Diss. de Aurilegio præcipue in Rheno. Argent.*, 1776. In-4°.

De Sivry. Journal des observations minéralogiques faites dans une partie des Vosges et de l'Alsace. Nancy, 1782. In-8°.

DIETRICH, Baron F. DE. Description des gîtes de minerai, forges, salines, verreries, tréfileries, fabriques de ferblanc, etc., en Alsace. Paris, 1789. In-4º. Avec plans.

OBERLIN, H. G. Propositions géologiques pour servir d'introduction sur les éléments de la chorographie avec l'exposé de leur plan et leur application à la description du Ban-de-la-Roche. Strasb., 1806. In-4º. Avec figures et carte.

Le même ouvrage. In-8º.

GRAFFENAUER, J. Ph. Essai d'une minéralogie économico-technique des départements du Haut- et du Bas-Rhin. Strasb., 1806. In-8º. Avec une carte géologique de l'Alsace.

OEYNHAUSEN, VON DECHEN et VON LA ROCHE. *Geognostische Umrisse der Rheinländer zwischen Basel und Mainz, etc. Essen,* 1825. In-8º. Avec une planche.

VOLTZ, P. L. Aperçu des minéraux des deux départements du Rhin. Strasb., 1827. In-8º.

— Géognosie des deux départements du Rhin. Strasb., 1827. In-8º.

— Aperçu des vestiges organiques des deux départements du Rhin. Strasb., 1827. In-8º.

(SCHWEIGHÆUSER, Guill.) Liste des minéraux des deux départements du Rhin, etc., d'après l'ordre alphabétique des villes, villages, etc. Strasb., 1833. In-12.

ROZET. Description géologique de la partie méridionale de la chaîne des Vosges. Paris, 1834. In-8º. Avec plan.

HOGARD, H. Tableau minéralogique des roches des Vosges, suivi d'une liste des espèces minérales constituant en roches disséminées dans leurs masses ou associées avec elles. Epinal, 1835. In-8º.

— Observations sur les traces de glaciers qui, à une époque reculée, paraissent avoir recouvert la chaîne des Vosges, et sur les phénomènes qu'ils ont produits. Epinal, 1840. In-8º.

— Observations sur les moraines et sur les dépôts de transports des Vosges. Epinal, 1842. In-8º. Avec planches.

DAUBRÉE, A. Mémoire sur la distribution de l'or dans la plaine du Rhin et sur l'extraction de ce métal. Paris, 1846. In-8º. Avec planches.

— Recherches sur la formation journalière du Minerai de fer des marais et des lacs. Paris, 1846. In-8º. Avec planches.

COLLOMB, Ed. Preuves de l'existence d'anciens glaciers dans les Vosges, du terrain erratique de cette contrée. Paris, 1847. In-8º.

Hogard, H. Coup d'œil sur les terrains erratiques des Vosges. Épinal et Strasb., 1850. In-8°. Avec un atlas par Dollfus-Ausset.

Daubrée, A. Observations sur les alluvions anciennes et modernes d'une partie du bassin du Rhin. Strasb., 1850. Avec cartes et plans.

— Description géologique du département du Bas-Rhin. Strasb., 1852. In-8°. Avec 1 carte et 5 plans.

Scipion-Grass. Comparaison chronologique des terrains quaternaires de l'Alsace avec ceux de la vallée du Rhône. Paris, 1858. In-8°.

Beschreibung der Kraft und Eigenschaft des Oels und anderer Waaren, welche aus dem Asphalt im Untern Elsass bei Sultz, la Sablonnière genannt, gezogen werden. Strassb., s. a. In-12.

Volken, J. *Hanauischen Erdbalsams Petrolei oder weichen Agsteins Beschreibung, welcher bei Lampertsloch gefunden wird. Strassb.,* 1625. In-12.

Hoeffel, J. Th. *Historia Balsami mineralis Alsatici seu Petrolei vallis sancti Lamperti. Argent.,* 1734. In-4°.

Héricourt de Thury, le vicomte. Notice sur les mines d'asphalte, bitume et lignites de Lobsann. Paris, 1838. In-8°. Avec cartes.

Payen. Mémoire sur les bitumes . . . de Lobsann, etc. Paris, 1824. In-8°.

Notice sur les produits bitumineux des mines de Lobsann. Strasb., 1838. In-4° et in-8°.

Entreprise générale des mines de Lobsann. Paris, s. a. In-8°.

Daubrée, A. Mémoire sur le gisement des bitumes de lignite et du sel dans le terrain tertiaire des environs de Bechelbronn et de Lobsann. Paris, 1850. In-8°. Avec planche.

C. EAUX MINÉRALES.

En général.

Günther. *Comment. de balneis et aquis medicatis. Argent.,* 1565. In-12.

Etschenreutter, Gallus. *Von den . . . Bädern und Sauerbrunnen so in Deutschland, etc.* 1616. In-12.

Glaser, M. Sebisii (Sebitz). *Dissertationum de acidulis lectiones duæ, in quarum priore agitur de acidulis in genere, in posteriore vero de Alsatiæ acidulis in specie. Argent.,* 1627. In-4°.

Guérin, Fr. Ant. *De Fontibus medicatis Alsatiæ. Argent.,* 1769. In-4°.

Kirschleger, F. Essai sur les eaux minérales des Vosges. Strasb., 1829. In-4°.

Heyfelder. *Die Heilquellen von Baden, dem Elsass und dem Wasgau. Stuttg.,* 1842. In-8°.

Haxo. Coup d'œil sur les eaux minérales des Vosges. Épinal, 1853. In-8.°
État actuel des eaux minérales des Vosges et de leur avenir possible.
Colmar, 1854. In-8°.

Robert, A. Guide du médecin et du touriste aux bains de la vallée du Rhin,
de la Forêt noire et des Vosges. Strasb., 1857. Avec 6 grav. In-12.

Différentes localités.

Vollmar, J. J. *Kurze, doch aber gründliche Verfassung der neu
erfundenen Quelle des Barrer Baades in dem Sankt Ulrichsthal.*
Strassb., 1773. In-8°.

Kratz, Jo. *Historia fontis Holzensis in Alsatia, germanice Holzbad
dicti. Argent.*, 1757. In-4°.

Kürschner, J. M. *De fonte medicato Castaniensi. Vom Kestenholzer
Bad. Argent.*, 1760. In-4°.

Mistler, J. B. Notice médicale sur les eaux minérales de Châtenois.
Strasb., 1844. In-12.

Notice sur les eaux minérales de l'établissement Buckel à Châtenois.
Strasb., 1845. In-8°.

Notice sur les eaux minérales de Châtenois. Strasb., s. a. In-8°.

Reyhingius. *Des Niederbronnischen Mineralwassers Art, Natur,
Krafft und Wirkung. Kurze Beschreibung. Strassb.*, 1622. In-12.

Reisel, Sal. *Niederbronner Bades Art, Eigenschaft, Wirkung und
Gebrauch. Strassb.*, 1664. In-12.

Leuchsenring, J. C. *De fonte medicato Niederbronnensi. Argent.*,
1753. In-4°.

Coliny. Traité des qualités, vertus et usages des eaux de Niederbronn.
Haguenau, 1760. In-8°.

Petri. *Abhandlung vom Niederbronner Bad. Strassb.*, 1779. In-12.

Roth, J. H. Analyse des eaux minérales de Niederbronn. Strasb., 1783. In-8°.

Gérard. Traité analytique des eaux minérales salines de Niederbronn.
Strasb., 1787. In-8°.

Fargès-Méricourt. Notice sur les bains de Niederbronn. Strasb., 1809.
In-4°.

Reiner. Considérations générales sur les établissements des bains de
Niederbronn. Strasb., 1826. In-8°.

Cunier, D. G. H. Niederbronn dans la Basse-Alsace. Description topographique, historique et sanitaire de cette commune; analyse et heu-
reux effets de ses eaux minérales-salines; suivie des souvenirs d'un
baigneur aux mêmes eaux. Strasb., 1827. In-12.

Kuhn, J. Notice sur Niederbronn et ses eaux. Strasb., 1833. In-8°.

— Description de Niederbronn et ses eaux minérales. Strasb., 1835. In-8°. Avec grav.

De Ring, Max. Souvenir des bains de Niederbronn et environs. Strasb. (1850). In-18 obl. Avec 12 grav. et 1 carte.

Beaulieu. Antiquités des eaux minérales de Vichy, Plombières, Niederbronn. Strasb., 1852. In-8°.

Kuhn, J. Les eaux laxatives de Niederbronn. Paris, 1854. In-8°.

Dupuy, Ad. Souvenirs de Niederbronn, avec une carte spéciale des environs de Niederbronn. Strasb., 1854. In-8°.

Lehr, Paul. La Naïade de Niederbronn. Épitre à M. Louis Spach. Strasb., 1855. In-8°.

Blum. Notice sur les eaux minérales de Rosheim. Strasb., 1836. In-8°.

Schurer, J. J. *Descriptio Balnei Sulzensis prope Molsheim. Argent.*, 1728. In-4°.

Gerboin, Ant. C. Analyse chymique des eaux minérales de Sultzbad. Strasb., 1806. In-8°.

Tinchant. Notice sur les eaux minérales de Sultz (Bas-Rhin). 1828. In-8°.

Kirschleger, F. et E. Kopp. Notice sur les eaux minérales de Soultz-les-bains. Strasb., 1844. In-8°.

Eissen, E. Soultzbad. Le bain de Soultz près Molsheim (Bas-Rhin). Source minérale chloro-iodo-bromée. Paris, 1857. In-8°. Avec 4 planches lith.

Schanté, J. A. Analyse qualitative et quantitative de l'eau du Badbrunn à Saverne. Saverne, 1856. In-8°.

D. BOTANIQUE.

Von Lindern, Franç. Balth. *Tournefortius Alsaticus sive Opusculum botanicum, etc. Argent.*, 1728. In-8°. Avec planches.

Bœclerus, J. *De neglecto remediorum vegetabilium circa Argentinam nascentium usu specimen, etc. Argent.*, 1732. In-4°.

— *Specimen II. quod sex comprehendit plantas. Argent.*, 1733. In-4°.

Ehrmann, J. Chr. *Marci Mappi Historia plantarum Alsaticarum. Argent.*, 1742. In-4°.

Von Lindern, Fr. Balth. *Hortus alsaticus plantas in Alsatia nobili, etc. Argent.*, 1747. In-8°.

(Spielmann, J. R.). *Prodromus Floræ Argentoratensis. Argent.*, 1766. In-8°.

Guérin, Franç. Ant. *Diss. de Vegetabilibus venenatis Alsatiæ. Argent.*, 1766. In-4°.

Spielmann, J. R. *Olerum Argentoratin. fascicul. Diss. Argent.*, 1769 et 1770. In-4°. 2 parties.

Stoltz, J. Chr. Flore des plantes qui croissent dans les départements du Haut- et du Bas-Rhin. Strasb., 1802. In-8°.

Gmelin, C. Chr. *Flora Badensis, Alsatica et confinium regionum, etc. Carlsruhæ*, 1806-1808. 1826. 4 vol. In-8°. Avec grav.

Liste alphabétique des plantes observées dans la vallée de Villé. Strasb., 1807. In-8°.

(Schmidt et Strobel). *Die Giftpflanzen des Elsasses. Strasb.*, 1825. In-12. Avec lith.

Kirschleger, F. Statistique de la Flore d'Alsace et des Vosges qui font partie de cette province. Strasb., 1831. In-4°.

— Prodrome de la Flore d'Alsace. Strasb., 1836. In-12. Avec Appendice. 1838.

Schimper, W. P. et A. Mougeot. Monographie des plantes fossiles des grès bigarrés de la chaîne des Vosges. Strasb. et Leipz., 1840-1844. In-4°. Avec planch.

Kirschleger, F. *Geographisch-botanischer Beitrag zur Flora der Vogesen, des Jura und des Schwarzwaldes. (Flora*, 1843). In-8°.

— Flore d'Alsace et des contrées limitrophes. Strasb., 1852. In-12.

E. AGRICULTURE.

Cranz, C. *Bemerkung auf einer vorzüglich in landwirthschaftlicher Hinsicht 1801 durch einen Theil von Schwaben, des Elsasses, etc., angestellten Reise. Leipz.*, 1802. 2 vol. in-8°.

Schwertz, J. N. *Beschreibung der Landwirthschaft im Nieder-Elsass. Berlin*, 1816. In-8°.

Nicklès, Nap. Des prairies naturelles en Alsace et des moyens de les améliorer. Strasb., 1829. In-8°.

Stoltz, J. L. Manuel élémentaire du cultivateur alsacien. Strasb., 1842. In-12. Fr. et all. Avec 3 lithographies.

— *Elementar-Handbuch des elsässischen Ackerbaues. Strassb.*, 1842. Avec 3 lithographies.

Schlipf, J. A. Manuel populaire d'Agriculture. Traduit de l'allemand par Napoléon Nicklès. Strasb., 1844. In-8°.

De la culture du Tabac. Strasb., 1850. In-12. Fr. et all.

Niklès, Nap. Lettre sur la culture du tabac. Nancy, 1857. In-8°.

F. VITICULTURE.

Jung, J. Ph. *Diss. de Vino. Argent.*, 1716. In-4°.

Roettel, Fr. Ignat. *Diss. de Vitis cultura Molshemensi et Mutzigensi. Argent.*, 1770. In-4°.

Ortlieb, J. M. *Anweisung und Plan zu Verbesserung der Landwirthschaft und vorzüglich des Rebbaues. Strassb.*, 1789. In-12.

Stoltz, J. L. *Historisch-topographische Notizen über den Rebbau und die Weine des Elsasses. Strassb.*, 1828. In-12.

— *Der elsässische Weinbau rücksichtlich seiner Erfordernisse, etc. Mülhausen*, 1844. In-12.

Kirschleger, F. Statistique de la Viticulture dans le département du Bas-Rhin. Strasb., 1848. In-12.

Stoltz, J. L. Ampélographie rhénane. Paris et Mulhouse, 1852. In-4°. Avec 32 planches col.

G. ZOOLOGIE.

Weiler, J. Fr. *Diss. de animalibus nocivis Alsatiæ. Argent.*, 1768. In-4°.

Dürr, J. *Gemeinnützige Beobachtungen über die Fische und Fischerei in den sowohl in als um Strassburg fliessenden Wassern. Strassb.*, 1784. In-12.

Thiery, P. J. Mémoire sur l'amélioration des chevaux en Alsace. Strasb., 1822. In-4°.

Hammer. Aperçu des animaux les plus remarquables de l'Alsace. Strasb , 1827. In-8°.

Cantener, L. P. Histoire naturelle des Lépidoptères rhopalocères ou papillons diurnes des départements du Haut- et du Bas-Rhin, de la Moselle, de la Meurthe et des Vosges. Colmar, 1835. 1 vol. in-8°. Avec fig. col.

H. DIVERS.

Holtzberger, G. Val. *De aëre, aquis et locis Argentinæ. Argent.*, 1758. In-4°.

Renaudin. Mémoire sur le sol, les eaux et l'air de la ville de Strasbourg. Paris, 1772. In-4°.

Herrenschneider, J. L. A. Résumé des Observations météorologiques faites à Strasbourg depuis 1811-1835. Strasb. In-8°.

Schimper. Les principales révolutions du globe et leur rapport avec l'histoire primitive de l'Alsace. Strasb., 1852. In-12.

III. LITTÉRATURE.

A. LITTÉRATURE POÉTIQUE ET AUTRE.

(D'après l'ordre alphabétique.)

ARNOLD, J. G. D. *Der Pfingstmontag. Lustspiel in Strassburger Mundart. Strassb.*, 1816. In-8°. 3 éditions et une nouvelle édition illustrée par Th. Schuler de 1850.

BANGA, J. J. *Gedichte. Strassb.*, 1831. In-12.

BEHR, G. H. *Die schwache Wissenschaft der heutigen Ærzte. Eine Satyre. Strassb.*, 1753. In-12 (et plusieurs autres publications poétiques du même auteur).

BERNHARD, C. *Strossburjer Wibble. Erstes Bändchen. Strassb.*, 1856. In-12.

BITNER. *Menæchmi. (Argent.)* 1570. In-12.

BRANT's, Sebastian, *Narrenschiff und Thomas Murner's Schelmenzunft.* S. l. et a. In-16.

STROBEL, A. W. *Das Narrenschiff von Dr Seb. Brant, nebst dessen Freiheitstafel. Quedlinb. u. Leipz.*, 1839. In-8°. .

BRÜLOVIUS, Casp. *C. J. Cæsar. Tragœdia. Argent.*, 1616. In-12.

— *Moses, Tragœdia comœdia. Argent.*, 1620. In-12.

CRUSIUS, J. P. *Crœsus. Drama novum. Argent.*, 1611. In-12.

(DANNENBERGER.) *Zimmermanns-Spruch beim neuen Schul- und Gemeindehaus von Schiltigheim. Strassb.*, 1828. In-12.

DIETZ, Benj. *Gedichte. Strassb.*, 1830. In-12.

DÜRRBACH, G. *Rappoltstein. Eine Wundersage aus dem Mittelalter, dichterisch bearbeitet. Zürich*, 1836. In-8°.

— *Der papierne Drache. Eine Knabenidylle für die Strassburger Jugend. Strassb.*, 1818. In-8° (et plusieurs autres publications poétiques du même auteur)..

FISCHART, J. *Das philosophische Ehezuchtbüchlein. Mit Vorrede von Joh. Carol. Strassb.*, 1607. In-8°.

GARBITIUS, M. *Prometheus captivus. Argent.*, 1609. In-12.

Gedichte eines Elsässers. Strassb., 1846. In-18.

GOEPP, J. J. *Der Erlöser. Leipz.*, 1827. In-8°.

VAN DER HAGEN. *Gottfridt von Strassburg, Werke aus den besten Handschriften mit Einleitung. Breslau*, 1823. 2 vol. in-8°.

VON GUIBERT. *Poetische Versuche. Strassb.*, 1846. In-12.

DÜMGÉ, C. G. *Guntheri poetæ Ligurinus sive de rebus gestis imperatoris Cæsaris Friderici primi aug. cognomento ænobarbi. Libri decem. Heidelbergæ*, 1812. In-8°.

HARTMANN, C. Fr. *Gedichte. Strassb.*, 1831. In-12.

— *Alsatische Saitenklänge. Strassb.*, 1840 et 1843. 2 vol. in-8° (et plusieurs autres publications poétiques du même auteur).

ENGELHARDT, M. *Herrad von Landsperg, Aebtissin zu Hohenburg oder sankt Odilien im Elsass, im 12ten Jahrhundert und ihr Werk: „Hortus deliciarum". Stuttgart u. Tübingen*, 1818. In-8°. Avec 12 planches in-fol.

LE NOBLE. Notice sur le *Hortus deliciarum*. Paris, s. a. In-8°:

HIRTZ, D. *Gedichte. Mit einer Vorrede von Ed. Reuss. Strassb.*, 1838. In-8° (et plusieurs autres publications poétiques du même auteur).

HIRTZ et HACKENSCHMIDT. *Gedichte. Strassb.*, 1841. In-12.

HIRTZWIGIUS, H. *Balsasar. Tragœdia. Argent.*, 1609. In-12.

HOLONIUS, G. *Laurentias. Argent.*, 1584. In-12.

HOSPEINIUS, M. *Equus Trojanus. Argent.*, 1590. In-12.

— *Dido. Argent.*, 1591. In-12.

HORNIG, C. W. *Elsässische Gedichte. Strassb.*, 1840. In-8°.

JÆGLÉ, J. J. *Gedichte. Strassb.*, 1805. In-12.

— *Das Wunderkind oder der kleine Sebastian von Ott-rott. Strassb.*, s. a. In-12.(et plusieurs autres publications poétiques du même auteur).

Jugendstücke eines Strassburgers. Strassb., 1781. In-8°.

(KAMM.) *Gallimatisches Allerley, oder Stadt-, Land- und Wald-gedicht. Strassb.*, 1776. In-8°.

KLEIN, Théod. *Frühlingsblüthen. Strassb.*, 1840. In-12.

— *Lieder. Mülhausen*, 1846. In-12.

— *Neue Gedichte. St. Gallen*, 1857. In-16.

— *Pfingst-Erinnerungen. Strassb.*, 1843. In-8°.

KNEIFF, Ed. *Hinterlassene poetische Schriften. Strassb.*, 1837. In-12. Avec portrait de l'auteur. (Et plusieurs autres de ses publications poétiques.)

LAMEY, Aug. *Gedichte eines Franken am Rheinstrom. Strassb.*, 1794. In-12.

(LAMEY, Aug.) *Blätter aus dem Hain. Strassb.*, 1836. In-12.

LAMEY, Aug. *Gedichte. Strassb.*, 1839. In-12. — 2e Edition, 1842.

— *Chronik des Elsasses in Liedern und Gemälden. Strassb.*, 1845. In-12.

— *Gedichte. Strassb.*, 1856. 2 vol. in-18. Avec le portrait de l'auteur.

LAURIMANUS, C. *Esthera Regina. Comœdia. Argent.*, 1596. In-12.

Lehne, F. *Versuche republikanischer Gedichte. Strassb.,* 1794. In-12.

Leser, J. *Gedichte nebst litterärischen und historischen Notizen. Strassb.,* 1831. In-8°.

Linckin, Cath. Salomé. *Polyeuctes. Ein Märtyrer. Christlliches Trauer-Spiel. Strassb.* (1727). In-18.

Messerschmid, G. F. *Sapiens stultitia. Die kluge Narrheit und die lustige Narrheit. Strassb.,* 1615. In-12. 2 vol.

Moscherosch, Hans Michael. *Wunderliche und wahrhafftige Geschichte Philanders von Sittenwald, das ist Straff-Schriften. Strassb.,* 1650. In-12.

Murner, Thomas. *Tractatus perutilis de phitonico contractu, etc. Friburgi,* 1494. In-4°.

— *Arma patientiæ contra omnes seculi adversitates.* S. l., 1511. In-4°.

Von Nicolai, L. H. *Verse und Prosa. Basel,* 1773. 2 vol. in-12.

— *Elegieen und Briefe. Strassb.,* 1760. In-12.

Naogeorgus, Th. *Hieremias. Tragedia sacra. Argent.,* 1600. In-12.

Noblot, Eug. Étrennes poétiques. Strasb., 1843. In-8°.

Pack, J. D. Trente-cinq poésies diverses sur des sujets historiques et autres. Strasb. (1759-1808). In-8° et in-12.

Peg-Roussel, J. E. Hommage à l'Alsace. Poëme lyrique. Strasb., 1842. In-8°.

Pfeiffer, Freimund. *Gœthe's Friederike. Anhang : Sessenheimer Liederbuch.* 1841. In-8°.

(Ramond de Carbonnières.) Les dernières aventures du jeune d'Alban : fragments des amours alsaciennes. Yverdun, 1772. In-12.

Ramond de Carbonnières. Élégies. Yverdun, 1778. In-12.

Rollé, Th. F. K. *Die Biene. Strassb.,* 1837. In-12.

Rompler von Loewenhaupt (Jeremias). *Erstes Gebüsch seiner Reimgedichte. Strassb.,* 1647. In-4°.

(Schaller.) *Die Stutziade oder der Perückenkrieg. Strassb.,* 1802-1808. 3 vol. Avec gravures de Zix et le portrait de l'auteur.

— *Festgesänge der Franken zum Tempel-Gebrauche. Strassb.,* 1795. In-8°.

— *Marceaux Todtenfeier. Strassb.,* 1796. In-8°.

— *Hoche Todtenfeier. Strassb.,* 1797. In-8°.

— *Gesänge auf alle Dekaden und Volksfeste der Franken.* 1799. In-8°.

— *Elegia ad heroem Bonaparte, primum civitatis Gallicæ consulem. Argent.,* 1799. In-8°.

(SCHALLER.) *Schauenburg. Ein Bardett. Strassb.*, 1799. In-8°.

— Psaume à Bonaparte quand Jéhovah l'eut sauvé des assassins. Strasb., 1801. In-8°.

— *Friedensgesänge. Strassb.*, 1801. In-12.

SCHNELLER, D. A. *Artaxerxes. Ein Singspiel auf der neuen Schaubühne zu Strassburg. Strassb.*, 1750. In-12.

SCHNOEWYL, J. *Der Blinden fürer bin ich genannt, etc.* S. l., 1526. In-4°.

SCHONASUS, C. *Tobæus. Comœdia sacra et nova. Argent.*, 1583. In-12.

SCHÜTZENBERGER, Fr. *Religion und Liebe. Ein Trauerspiel. Karlsruhe u. Baden*, 1817. In-12.

LUDWIG LAVATER (SPACH, L.). *Gedichte. Strassb.*, 1839. In-12.

STOEBER, Aug. und Adolf. *Alsabilder, vaterländische Sagen und Geschichten. Strassb.*, 1835. In-8°.

STOEBER, Aug. *Elsässisches Volksbüchlein. Strassb.*, 1842. In-8°.

— *Gedichte. Strassb.*, 1842. In-8°.

STOEBER, E. *Neujahrsbüchlein in Strassburger Mundart vom Vetter Daniel. Strassb.*, 1818. In-12.

— *Idem*, 1824. In-12.

— *Daniel oder der Strassburger auf der Probe. Strassb.*, 1825. In-8°.

— *Gedichte und kleine prosaische Aufsätze in Elsässer Mundart. Strassb.*, 1829. In-12.

— *Steinthälergedichte. Strassb.*, 1830. In-12.

— *Sämmtliche Gedichte und kleine prosaische Schriften. Strassb.*, 1835-36. 3 vol. in-12.

— *Neujahrsbüchlein für* 1836. In-12.

(STOEBER, E.) *Strassburger Nationalgesang in vaterländischer Mundart. Vom Vetter Daniel. Strassb.*, 1815. In-8°.

THEILERS *hinterlassene Schriften. Strassb.*, 1829. In-12.

WEYERMÜLLER, Fr. *Napoleon auf St. Helena. Ein Gedicht mit Anmerkungen. Strassb.*, 1842. In-8°.

WICKGRAM, Jœrgen. *Ein Schön und Nützlichs Biblischs Spil von dem Heyligen und Gottesfürchtigen Tobia. Strassb.*, 1551. In-12.

— *Der Irr Reitend Bilger, etc. Strassb.*, 1558. In-4°.

— *Von guten und bösen Nachbauren. Strassb.*, 1557. In-4°.

WIMPHELING. *Isidoneus germ.* S. l. et a. (1497). In-4°.

WURM, Matthias, von Geudertheim. *Baalams Eselin.* S. l. et a. In-4°.

— *Wahrhaftige Verantwortung.* 1523. In-4°.

Wurm, Matthias, von Geudertheim. *Verantwortung.* 1525. In-4°.

Zincgrefen, J. W. *Der Teutschen scharpfsinnige kluge Sprüch, Apophthegmata genannt. Strassb.*, 1639. In-8°.

———

Schilteri, Joh., *Glossarium ad scriptores linguæ francicæ et allemannicæ veteris. Ulmæ*, 1727. In-fol.

Wachteri *Glossarium germanicum. Lips.*, 1727. In-8°.

Oberlin, J. J. Essai sur le patois lorrain et des environs du comté du Ban-de-la-Roche. Strasb., 1775. In-8°.

— *Scherzii Glossarium germanicum medii ævi. Argent.*, 1781. 2 t. in-fol.

Walchii *Glossarium germanicum, etc. Jenæ*, 1790. In-8°.

Fallot, S. F. Recherches sur le patois de Franche-Comté, de Lorraine et d'Alsace. Montbéliard, 1828. In-12.

Weislinger, J. N. *Armamentarium catholicum, perantiquæ, rarissimæ ac pretiosissimæ bibliothecæ, quæ asservatur Argentorati in celeberrima commenda eminentissimi ordinis melitensis sancti Johannis Hierosolymitani. Argent.*, 1749. In-fol.

— *Catalogus librorum impressorum Bibliothecæ minorit, ordinis sancti Johannis Hierosolymitani. Argent.*, 1749. In-fol.

Oberlin, J. J. *De poetis Alsatiæ eroticis medii ævi, vulgo von den Elsassischen Minnesingern. Diss. Argent.*, 1756. In-4°.

— *Miscella litteraria maximam partem Argentoratensia. Argent.*, 1770. In-4°.

— *Alsatia litterata sub Celtis, Romanis, Francis. Argent.*, 1782. In-4°.

— — *sub Germanis sæc. IX et X. Argent.*, 1786. In-4°.

Otfridi *Evangeliorum liber : veterum Germanorum grammaticæ, etc. Evangelien-Buch in altfrenckischen Reimen, durch Otfried von Weissenburg, vor 700 Jahren beschriben. Basileæ*, 1571. In-8°.

Eccardus, J. G. *Incerti monachi Weissenburgensis catechesis theodisca, sæculo IX. Hanov.*, 1713. In-12.

Keller, J. *Otfried's von Weissenburg Evangelien-Buch, Text, Einleitung, Grammatik, Metrik, Glossar. Regensb.*, 1856. In-8°.

Rapp, G. *Otfried von Weissenburg. Evangelien-Harmonie. Stuttgart*, 1857. In-8°.

Koch, G. C. Discours sur l'ancienne gloire littéraire de la ville de Strasbourg. Strasb., 1809. In-8°.

(Arnold.) Notices littéraires et historiques sur les poëtes alsaciens. Paris, 1806. In-8°.

Lauth, Thomas. De l'esprit de l'instruction publique. Strasb., 1816. In-8°.

Matter, J. Voyage littéraire en Alsace par Dom Ruinart. Strasb., 1829. In-8°.

B. LITTÉRATURE PÉRIODIQUE.

(D'après l'ordre chronologique.)

Der Stadt Strassburg Raths- und Regiments-Verfassung. Strassb., 1673-1789. 116 vol. in-18.

Strassburger - Hand - und - Schreibkalender. Strassb. (Heitz), 1721- 1818. In-4°. (La suite du calendrier est le *Hinkender Bote an der Ill und am Rhein.*)

Jubilæum ecclesiæ catholicæ per septemdecim sæcula Militantis et Triumphantis contra Idolatriam, Tyrannos, Hæreses, Schismata, Errores et Scandala ex Academiæ Molshemensis sodalitate, etc. Argent., 1721-1729. In-18.

Continuation mit Beschreibung der denkwürdigsten Sachen die sich... zugetragen haben. (*Strassb.*) 1736-1753. In-4°.

Wöchentlicher Zeitungs-Extract. (*Strassb.*) 1739-1742. In-4°.

Die Wöchentlichen Politischen und Neuen Weltgeschichten. Strassb., 1744-1764. In-4°.

Neuer Schreib-Calender auf das Jahr 1746. *Strassb.* In-8°.

Welperscher Strassburger Stadt-und Landkalender für das Jahr 1758 et suivants. *Strassb.* In-4°.

Der Sammler. Eine Strassburgische Wochenschrift auf das Jahr 1760 und 1761. *Strassb.* 2 vol. in-8°.

Strassburger privilegirte Zeitung. Strassb., 1765-1781. In-4°.

(Billing.) *Der elsässische Patriot; eine Wochenschrift. Strassb. u. Colmar,* 1776 u. 1777. 4 vol. in-12.

Der Bürgerfreund. Eine Strassburgische Wochenschrift. Strassb. 2 vol. in-8°, de 1776 et 1777 (rédigé par Blessig, Dahler et autres).

(Oberlin, J. J.) Almanac de Strasbourg pour les années 1780 et 1781. 2 vol.

— — d'Alsace pour les années 1782-1789. 8 vol.

— — du Bas-Rhin pour 1792. 1 vol. Strasb. En tout 11 vol. in-24.

(Ulrich, A.) *Geschenk für die Jugend, oder Taschenbuch für Kinder. Strassb.,* 1782-85. 4 vol. in-8°.

Strassburgische Gelehrte und Kunstnachrichten. Strassb., 1782, 1783, 1784 et 1785. 8 vol. in-8°.

Privilegirte Strassburger Zeitung. Strassb., 1782-1789. In-4°.

(ULRICH, A.) *Jugendzeitung. Strassb. u. Kehl,* 1783. In-16.

Oberrheinische Unterhaltungen für Kinder. Strassb., 1782. 1er et 2e trimestre.

SEYBOLD. *Magazin für Frauenzimmer. Strassb. u. Kehl,* 1782-1786. 14 vol.

— *Neues Magazin für Frauenzimmer.* 1787-1790. *Strassb.* 13 vol: En tout 27 vol. in-8°.

Der Lieferant. Ein neues d. Wochenblatt das tausend Unterhaltungen hat. Strassb., 1785. 2 vol. in-8°.

Annales de la Société harmonique des amis réunis de Strasbourg ou Cures opérées par le Magnétisme animal. Strasb., 1787 à 1789. 3 vol. in-8°.

Archiv für Magnetismus und Somnambulismus. Strassb., 1787-1788. In-12.

Strassburgische Kinderbibliothek auf das Jahr 1787. *Strassb.* In-24.

Geschichte der Reichsversammlung zu Versailles im Jahr 1789. *Kehl u. Strassb.*, 1789. 4 livraisons in-8°.

Beilagen zur Geschichte der Nationalversammlung zu Versailles. Kehl u. Strassb., 1789. 5 livraisons in-8°.

Beiträge zum neuesten französischen Staatsrechte, bei Gelegenheit der allgemeinen Reichs-Versammlung. Kehl u. Strassb., 1789. 7 livraisons in-8°.

Oberrheinischer hinkender Bote. (Journal.) *Kehl (Strassb.),* 1789. In-8°.

Frühpost. (Journal des élections.) Strasb., du 10 au 30 août 1789. 5 Numéros in-4°.

Feuille hebdomadaire patriotique, *oder Patriotisches Wochenblatt.* Strasb., du 6 Déc. 1789 au 12 Mai 1790. In-4°. Séparés, en fr. et en all.

Departement des Niederrheins. Politisch - litterarischer Kurier. Strassb. Du 1er Janvier au 31 Décembre. 1790. In-4°.

Affiches de Strasbourg. Du 1er Janvier 1790 au 20 Septembre 1796. Strasb. 7 années. Fr.-all. In-4°.

Politische Strassburger Zeitung. Strassb., 1790. In-4°.

ULRICH, A. *Wöchentliche Nachrichten für die deutsch sprechenden Einwohner Frankreichs, besonders für die Handwerker und Bauern. Strassb.*, 1790-1791. In-4°.

COTTA, A., von Stuttgardt. *Strassburgisches politisches Journal. Strassb.*, 1er Janvier au 31 Décembre 1790. 2 vol. in-4°.

ULRICH, A. *Pariser deutsche Zeitung. Strassb.*, 1790. In-4°.

Simon J. F. und A. Meyer. *Geschichte der gegenwärtigen Zeit. Strassb.*, du 1er Oct. 1790 au 31 Janvier 1793. 4 vol. in-4°.

Chronique de Strasbourg. *Strassburgische Chronik.* Strasb., du 6 Janvier au 13 Novembre 1790. In-4°. Séparément en fr. et all.

Ehrmann, J. *Nationalblatt für das Niederrheinische Departement. Strassb.*, du 3 Juillet 1790 au 29 Juillet 1791. 5 vol. in-8°.

L'ami du Roi, des Français, de l'ordre et surtout de la vérité. S. l., 19 Octobre 1790. In-4°.

Der Freund des Volks, des Landmanns, gesetzlicher Freiheit und besonders unverfälschter Wahrheit, herausgegeben von einigen Nationalgarden. S. l., 19 Octobre 1790. In-4°.

Protokoll der Sitzungen des gesammten Raths der Gemeinde von Strassburg. Strassb., du 20 Mars 1790 au 20 Nov. 1791. 2 vol. in-8°.

Procès-verbal des Séances du Conseil général de la Commune de Strasbourg. Strasb., du 20 Mars 1790 au 20 Novembre 1791. 2 vol. in-8°.

Der Franke im Elsass. (*Strassb.*) 1791. In-8°. 12 Numéros.

(Schoell, Fr., Fritz, Dahler et Fries.) *Tagebuch der zweiten französischen Nationalversammlung nebst Nachrichten von den neuesten Vorfällen in den Departementen, oder Journal der neuesten Staatsverfassung. Strassb.*, du 1er Oct. 1791 au 20 Sept. 1792. 3 vol. Gr. in-4°.

Courrier politique et littéraire des deux nations. Strasb., 1791. In-4°.

Kæmmerer, J. J. *Die neuesten Religionsbegebenheiten in Frankreich. Strassb.*, du 1er Juillet 1790 au 31 Décembre 1792. In-4°.

Burger, Fr. *Strassburger Districts-Anzeiger. Strassb.*, 1791, 1792. In-4°.

Strassburgische Zeitung. Strassb., du 1er Janv. 1791 au 4 Sept. 1794. In-4°.

Burger, Fr. *Französische Staats-Verwaltung in den rheinischen Departementen. Ein Wochenblatt. Strassb.*, du 1er Mai 1791 au 27 Février 1792. In-4°.

Ordo et modus rei divinæ faciendæ in usum diocesis Argentinensis. Argent. Pour les années 1790 et 1802 jusqu'à nos jours. In-12.

Burger, Fr. Vente de domaines nationaux. Strasb., 1791-1793. In-4°.

— *Verkauf von Nationalgütern im Niederrheinischen Departement. Strassb.*, 1791-1793. In-4°.

Die allgemeine ober-deutsche Litteratur-Zeitung. Strassb., 1er Janv. 1792-1793. In-4°.

Deutsche Staats-Litteratur. Strassb., 1792. In-8°.

Chayrou et Rouget de Lisle. Feuille de Strasbourg ou Journal politique et littéraire des rives du Rhin. Strasb., du 15 Avril au 3 Juillet 1792. In-8°.

LAVEAUX, J. C. Courrier de Paris et des départements à Strasbourg. Journal politique et littéraire, uniquement consacré aux nouvelles françaises ou venant de la France et servant de supplément au Courrier de Strasbourg. Strasb., 1792. In-4°.

— Courrier de Strasbourg. Journal politique et littéraire uniquement consacré aux nouvelles des frontières et des pays étrangers, et particulièrement à celles des deux rives du Rhin. Strasb., 1792, 1793. In-4°.

Argos oder der Mann mit hundert Augen. Strassb., 3 Juillet 1792 - 17 Juin 1794. 4 vol. in-8° (les 3 premiers volumes par EULOGE SCHNEIDER, le 4ᵉ, après l'arrestation de ce dernier, par Fréderic BUTENSCHOEN).

Der Kriegsbote. Strassb., 1792. In-12.

Bulletins oder tägliche Nachrichten des National-Convents. Strassb., 28 Septembre 1792 - 29 Juillet 1793. In-fol. ouvert.

Patriotisches Sonntagsblatt. Strassb., 1792. In-8°.

Patriotisches Wochenblatt. Strassb., du 11 Novembre 1792 au 25 Août 1793. In-8°.

BUTENSCHOEN *und* ENGELBACH. *Weltbote. Strassb.,* du 1ᵉʳ Janvier 1793 au 17 Juin 1794. In-4°.

Der Volksfreund vom Niederrhein. S. l. Du 1ᵉʳ Octobre au 5 Décembre 1793. In-8°.

OBERLIN, J. F. Almanach de Bureau. Strasb., 1793. In-fol. Avec un avis in-4°.

Neuer Kalender für die Stadt- und Landbewohner. Strassb., depuis 1793 jusqu'à 1798. In-4°.

Republikanischer Sans - Culotten - Kalender für das Jahr VII. *Strassb.* In-4° (de 1794 à 1795).

(FRANTZ, de Strasbourg, et KERN, de Bouxwiller.) *Strassburger Curier. Strassb.,* du 1ᵉʳ Janvier 1793 au 7 Septembre 1797. In-4°.

Strassburgische Zeitung oder Weltbote. Strassb., du 22 Septembre 1794 au 31 Décembre 1794. In-4°.

ROUSSEAU-PACQUIN et DUPIN, E. L'Almanach de la République. Strasb., 1794 et 1795. In-8°.

Weissenburger patriotische Schildwache. Weissenb., 1794. In-8°.—

Dekaden-Blatt für den Landmann. Strassb., du 6 Avril au 31 Décembre 1794. 2 vol. in-8°.

Republikanischer ehemals Welperscher Kalender. Strassb. In-4°. De 1796 jusqu'à 1801.

Discours prononcés à la Convention nationale. Strasb., du 26 Février au 22 Septembre 1794. 3 vol. in-8°.

Strassburger Weltbote, du 1er Janvier 1795 au 16 Décembre 1803. Rédacteurs : depuis le commencement jusqu'au 7 Juin 1798, R. SALTZMANN et ENGELBACH ; depuis le 10 Juin 1798, la citoyenne M. S. SALTZMANN, et depuis le 31 Décembre 1800, J. H. SILBERMANN. Strassb. In-4°. (Continuation de ce journal : *Niederrheinischer Kurier*.)

Lois de la République française. Strasb., 1795 et suivants. In-8°. Fr.-all.

Der republikanische Wächter. Hagenau, 1795. In-8°.

SALTZMANN, J. R. *Strassburgischer Weltbote, Strassb.*, 1er Juin 1796 jusqu'au 15 Décembre 1803.

SCHLEMMER. *Republikanische Kronik. Strassb.*, 1796. In-8°.

LAMBERT, METTERNICH, COTTA, von Stuttgardt, und WEDEKIND, von Mainz. *Rheinische Zeitung. Strassb.*, 1796. In-4°.

Petites Affiches de Strasbourg. Strasb., 23 Sept. 1796 - 20 Sept. 1799. 3 années. In-4°. Fr.-all.

KÆMMERER, J. J. *Rheinische Fama. Strassb.*, 1796. In-4°.

— *Rheinische Kronik. Strassb.*, 1796-1798. In-4°.

Frankreichs neueste Gesetze. Beilage zum Strassburgischen Weltboten. Strassb., 31 Juillet 1796 au 24 Janvier 1797. In-8°.

Strassburger Distrikt-Kalender auf das IV. Jahr. Strassb. In-18.

LAMBERT. *Der Wahlmann. Strassb.*, 20 Février - 19 Mai 1797. In-8°.

Affiches du Bas-Rhin. *Niederrheinische Anzeigen.* Strasb., 24 Sept. 1797 - 27 Février 1799. In-4°.

FRIEDEL, Augustine *und* J. Ludw. *Journal für das gesellige Vergnügen.* Strasb., 13 Février - 20 Mars 1797. 6 livraisons in-8°.

Weissenburger Stadt- und Dorfbote. Weissenb., an IV - IX. In-4°.

Journal de littérature de France. Strasb., 1798. In-8°.

ESCHER. Journal politique de Strasbourg. Strasb., an VI (1798). In-4°. Fr.-all.

HIRT, F. G. *Fränkischer Merkur. Strassb.*, 23 Sept. 1798 - 2 Août 1799. In-4°. (Ce journal fut rédigé en 1798 par MEYER, de Strasbourg, et HOFFMANN, de Neustadt ; plus tard, par RUPFER, et vers la fin, par E. F. EHRMANN.)

EHRMANN, E. F. *Kronik der Menschheit. Strassb.*, 1798 et 1799. In-8°.

BOTTIN. Annuaire politique et économique du départ. du Bas-Rhin, etc. Strasb., années VII, VIII et IX. 3 vol. in-18 (1798-1800).

FRANÇOIS DE NEUFCHÂTEAU. Analyse des Annuaires statistiques du départ. du Bas-Rhin pour les années VII, VIII et IX. Paris, 1802. In-8°.

Petites Affiches de Strasbourg et Feuille du Cultivateur. Strasb., 23 Sept. 1799 - 20 Sept. 1800. In-4°. Fr.-all.

Der Friedensbote. Eine Zeitung aus Paris. (Strassb.) 1799. In-8°.

Recueil officiel des actes de la Préfecture du Bas-Rhin. Strasb., 3 vol.

in-8°, depuis le 13 Déc. 1799 - 21 Sept. 1801 (fin de l'année républ.).
La suite paraît depuis le 22 Sept. 1802. In-4°.

Ehrmann, E. J. *Der rheinische Beobachter. Ein Decadenblatt.*
Strassb., 1799. In-4°.

Kronik der Franken. Strassb., 1799 et 1800. In-4°.

Cotta, Fr. *Strassburger Zeitung. Strassb.*, 1799. In-4°.

Offizielles Correspondenz-Blatt der Unterpräfektur Barr. Strassb.
In-4°. (Depuis le 11 Juillet 1800 jusqu'au 20 Mars 1805.)

Feuille décadaire du Bas-Rhin, contenant le Bulletin officiel de la Préfecture du Bas-Rhin, les mémoires et travaux de la Société d'agriculture et les petites Affiches de Strasbourg. Strasb., 23 Sept. 1800 - 22
Sept. 1802. In-8°.

*Œkonomisch-belletristischer Taschenkalender des Nieder- und
Oberrheins für das IX. Jahr* (1801). *Strassb.* In-18.

Anzeiger im Weissenburger Bezirk. Weissenb., an X. In-4°. ————

(Silbermann, J. H.) *Strassburger Taschenbuch auf das Jahr* 1803
und 1804. *Strassb.* 2 vol. in-16.

Séance publique de l'École de médecine de Strasbourg, annéés XI, XIII,
XIV. 1823-1838. Strasb. In-4°.

Der hinkende Bote am Rhein. (Depuis 1804 jusqu'à nos jours.) Strasb.
(Silbermann.) In-4°.

Feuille hebdomadaire, bulletin officiel de la Préfecture du Bas-Rhin.
Strasb. (25 Sept. 1803 - 24 Févr. 1811). In-8°. Fr.-all.

Niederrheinischer Kurier. (18 Déc. 1803 - 20 Déc. 1807). Depuis le
27 Décembre 1807 jusqu'au 5 Juin 1808, ce journal parut sous le titre
de : Supplément de la feuille hebdomadaire et du Bulletin officiel du
Bas-Rhin. Sous le 7 Juin 1808, il reprit son ancien titre et le maintint
jusqu'au 2 Novembre 1809. Le 5 du même mois, ce journal parut,
d'après les ordres du Ministre de la police générale de l'Empire, aussi
en français (au bas du texte allemand le texte français); il fut ajouté
au titre allemand celui de Courrier de Strasbourg; cela dura jusqu'au
9 Janvier 1812, et depuis le 12 Janvier, il parut avec le français et
l'allemand en regard, sous le titre de : Courrier de Strasbourg, *Niederrheinischer Kurier*, jusqu'au 5 Novembre 1815. Depuis le 7 Novembre
1815 jusqu'au 2 Décembre 1823, Courrier du département du Bas-Rhin,
Niederrheinischer Kurier. Depuis le 4 Décembre 1823 : Courrier du
Bas-Rhin. *Strassb.* (16 Décembre 1828). In-4°; depuis 1810 in-fol.,
et depuis le 28 Décembre 1828 gr. in-fol.

Feuille de Correspondance de la 2e classe de la Société d'agriculture, de
sciences et arts du département du Bas-Rhin, séante à Strasbourg.
Strasb., 1803 et 1804. 6 Numéros in-4°.

Bulletin officiel de Correspondance de la Sous-préfecture de Barr. Barr, 1804. In-4°. *Idem.* Strasb. (depuis le 25 Mars 1805 au 30 Mai 1806). En franç. et en all.

Délibération du Conseil général du département du Bas-Rhin. Strasb., 1804 jusqu'à nos jours. In-4°.

Jurisprudence de la Cour d'appel de Colmar. Colmar. In-4°. Depuis Messidor an XIII (Juin 1805) jusqu'à nos jours. In-8°.

Supplément du Courrier de Strasbourg. Strasb. 8 Oct. 1805 - 6 Avril 1806. In-4°.

Bulletin de la Grande Armée. Strasb., 24 Oct. 1805 - 6 Janv. 1806. 1806 et 1807. 1812 et 1813. In-4°

Christliches Erbauungsblatt. Strassb., 1805-1806. 8 vol. in-12.

Zaberner Bezirks-Anzeiger und offizielles Correspondenz-Blatt der Unterpräfektur. Zabern, 1806-1812. In-4°.

Bulletin officiel de correspondance de la Sous-préfecture de Schlestadt. Strasb. (depuis le 10 Juin 1806 au 21 Septembre 1807). In-4°. En fr. et en all.

Weissenburger Bezirks-Anzeiger. Weissenb., 1806. In-4°.

Weissenburger Bezirks-Anzeiger u. offizielles Correspondenz-Blatt der Unter-Präfektur Weissenburg. Weissenb., 1807-1810. In-4°.

FARGÈS - MÉRICOURT. Annuaire historique et statistique du département du Bas-Rhin. Strasb., an XIII. 1806-1816. 12 années. In-12.

Alsatisches Taschenbuch für das Jahr 1806, 1807, 1808, *Strassb.* 3 vol. in-18. Avec gravures.

Almanach du Commerce de Strasbourg pour 1807 et 1808. Strasb. In-12.

Affiches, Annonces et Avis divers de Schélestadt. Schélestadt, 1808 jusqu'au nos jours. In-fol.

Der Strassburger hinkende Bote. (Depuis 1808 jusqu'à nos jours.) Strasbourg. (Le Roux). In-4°.

Le grand Messager boiteux de Strasbourg. Strasb. (Le Roux). 1811 jusqu'à nos jours.

Affiches, Annonces et Avis divers de la ville de Wissembourg. Wissemb., 1810-1848. Petit in-fol. Fr.-all.

Affiches, Annonces et Avis divers de la ville de Strasbourg. Strasb., depuis le 1er Févr. 1811 au 3 Sept. 1840. In-4°. Fr. et all.

Mémoires de la Société des Sciences, Agriculture et Arts de Strasbourg. Strasb., 1812-1823. 2 vol. in-8°.

Der Strassburger hinkende Bote. Strasb. (Schuler). In-4°. (Depuis 1812 jusqu'en 1845).

Affiches, Annonces et Avis divers de la ville de Saverne. Saverne, 1813-1816. Petit in-4°.

Budgets de la ville de Strasbourg, depuis 1816 à 1831. Strasb. 16 années. In-4°.

Feuille d'Affiches, Annonces et Avis divers de l'arrondissement de Saverne. Saverne, 1817 jusqu'à nos jours. Gr. in-4°.

STOEBER, E. *Alsa. Eine Monatschrift. Strassb.*, 1817. 5 livr. in-8°.

Der Hinkende Bote an der Ill und am Rhein. (Continuation du *Strassburger Hand- und Schreibkalender,* 1721 à 1817). *Strassb.* (Heitz). Depuis 1818 jusqu'à nos jours. In-4°.

MARCHAND. Le Patriote alsacien. Strasb. (16 Janvier - 5 Avril 1820). In-fol. Fr.-all.

L'Abeille alsacienne. Strasb., Août 1821. In-8°.

Timotheus. Eine Zeitschrift zur Verbreitung der Religion und Humanität. Strassb., 1821-1823. 4 vol. in-8°.

Christliche Mittheilungen. Strassb., 1821-1825. 5 vol. in-8°.

Annuaire du département du Bas-Rhin. Strasb. In-12. Depuis 1822 jusqu'à nos jours.

(MARCHAND). L'Astrologue alsacien ou le petit Messager qui n'est ni borgne ni boiteux. Almanach pour l'année 1823. 3 éditions. Strasb. In-16. Avec 1 lith. — *Idem,* pour l'année 1826. Strasb. In-16.

— *Der elsässische Astrolog oder der kleine Bote, der weder hinkt noch schielt, für das Jahr* 1823. *Strassb.,* 1823. In-16. Avec 1 lith.

Courrier littéraire. Strasb.. 1823. In-8°.

(SEUPEL.) Étrennes de dimanche. *Sonntags-Geschenk für das blühende Alter.* Strasb., Colmar, Altkirch, 3 Août 1828 - 21 Juin 1829. In-4°. Fr.-all. Avec lithographies.

Journal politique et littéraire du Bas-Rhin. Strasb., 1823 et 1827. In-fol. Fr.-all.

STROHL. Manuel du commerce, de l'industrie, des sciences, des arts et des métiers à Strasbourg. Strasb., 1824. In-12.

Journal de la Société des Sciences, Agriculture et Arts du département du Bas-Rhin. Strasb., 1824-1828. 5 vol. in-8°. Avec grav.

Le grand Messager boiteux alsacien ou Almanach instructif et amusant. Strasb., 1825-1827. In-4°.

Étrennes aux Alsaciennes pour les années 1825 et 1826. Strasb. 2 vol. in-18. Avec lith.

Galerie alsacienne. Recueil de portraits lithographiés. Avec notices biographiques. Strasb., 1825-1826. 4 livraisons in-8°. Fr. et all.

JOLLY. L'Observateur alsacien. Strasb. 1825. In-8°.

(ULRICH, A.). *Der Hausfreund. Strassb.*, 1826. In-8°.

Bibliothèque allemande. Journal de littérature. Strasb., 1826. 2 vol. In-8°

Comptes des dépenses départementales (Bas-Rhin) 1827, et Budgets jusqu'à nos jours. Strasb. In-4°.

Bains de Niederbronn. Liste des personnes arrivées depuis le commencement de la saison de 1827. Strasb., 1827. 8 numéros in-8°.

Revue germanique. Suite de la bibliothèque allemande. Journal de littérature. Strasb., 1827. 2 vol. in-8°.

Feuille hebdomadaire de Wasselonne. Strasb., 1828. In-4°. Fr. et all.

Nouvelle Revue germanique. Recueil littéraire et scientifique. Strasb., 1829-1834. 6 tomes in-8°.

Le Télégraphe de Strasbourg. Almanach de la ville et de la campagne pour l'année 1829. Strasb. In-16.

Gazette de Strasbourg. 5 Juin - 31 Juillet 1830. Strasb. In-fol. Fr. et all.

Le petit Alsacien. Étrenne pour 1830. Strasb., 1830. In-16.

Budget de la ville de Schélestadt depuis 1831 jusqu'à nos jours. Schélestadt. In-4° et in-8°.

Budget de la ville de Haguenau. 1831 jusqu'à nos jours. Haguenau. In-fol. et in-4°.

Harro-Harring. *Deutschland. Strassb.*, 2 Déc. 1831 - 20 Janv. 1832. In-fol.

Hunzinger, M. A. et depuis le 27 Janvier 1832, Nicollet, J. F. *Strassburger Korrespondent für Religion, Recht und Politik. Strassb.*, 1831-1832. In-fol.

Indicateur pour la ville de Strasbourg et le département du Bas-Rhin. Strasb., 1831 jusqu'à nos jours. In-4°.

L'Alsace constitutionnelle. Journal politique, commercial et littéraire. Strasb., 15 Mai 1831 - 14 Août 1831. Gr. in-4°. Fr. et all.

L'Alsacien. Strasb., 1831, 1832. In-fol. Fr. et all.

Musée de l'histoire, de la nature et des arts. Strasb., 1831. In-4°. Avec lithographies.

Strassburger Correspondent. Strassb., 9 Oct. 1831-29 Juni 1832. In-fol.

Journal du Haut- et du Bas-Rhin. Strasb., 1er Juillet 1832 - 31 Août 1839. In-fol.

Nouveaux Mémoires de la Société des Sciences, Agriculture et Arts du département du Bas-Rhin. Strasb., 1832-1842. 3 vol. in-8°.

Budgets. Comptes administratifs de la ville de Strasbourg depuis l'année 1833 jusqu'à nos jours. In-8°.

(Reiner). Revue d'Alsace. Strasb., 1834 et 1835. 2 vol. gr. in-8°.

Le Causeur. Journal de Strasbourg. Strasb., 1834. N° 1 à 18. In-4°.

Le Flaneur. Tocsin local. Strasb., 1834. In-4°. 3 Numéros.

Protestantisches Kirchen- und Schulblatt für das Elsass. Strassb., 1834-1848. 15 vol. in-8°.

Délibérations du conseil général du département du Bas-Rhin. Strasb., depuis 1834 jusqu'à nous jours. In-4°.

Archives médicales de Strasbourg. Mars 1835 jusqu'à nos jours. Strasb. In-8°.

Tableaux statistiques de l'École départementale d'Accouchement du Bas-Rhin. Strasb., 1835-1841. In-fol. ouvert.

BLOCH, Simon. La Régénération. Recueil mensuel destiné à améliorer la situation morale et religieuse des Israélites. Strasb. et Paris, 1836-1837. In-4°. Fr. et all.

HOELLBECK, E. A. Almanach du commerce, de l'industrie, etc., de Strasbourg. Strasb., 1836. Gr. in-8°.

BOERSCH, Ch. Revue d'Alsace. 2ᵉ série. Strasb., 1836-1837. 4 vol. gr. in-8°.

Feuille d'annonces des eaux de Niederbronn. *Niederbronner Badblatt.* Strasb., 1839 jusqu'à nos jours. In-8°. Fr. et all.

Le Glaneur. Strasb., 1837. In-fol.

DIETZ, B. *Die Elsässische Bühne. Strassb.*, 1837. In-4°. 1ᵉʳ Numéro (Mort-né).

Der Missionsfreund. Strassb., 1837 jusqu'à nos jours. In-4°.

Rapport du Conseil d'administration de la Compagnie du Canal du Rhône au Rhin fait aux Actionnaires depuis 1838 jusqu'à nos jours. Strasb. In-4°.

STOEBER, Aug. *Erwinia. Ein Blatt zur Unterhaltung. Strassb.*, 1838 et 1839. 35 et 52 numéros. 2 vol. in-4°.

KRAFFT. *Neue christliche Mittheilungen. Strassb.*, 1838-1840. 5 vol. in-8°.

(BOERSCH, Ch.). Album alsacien. Revue d'Alsace littéraire, historique et artistique. Strasb., 1838. Gr. in-4°. Avec lithographies.

Le Lorgnon alsacien. Revue des modes, littérature, théâtres, sciences, etc. Strasb., 1839. In-4° et in-fol.

L'Alsace. Strasb., 1ᵉʳ Sept. 1839 jusqu'à nos jours. In-fol. Fr. et all.

Der Volksbote für's Elsass und Lothringen. Strassb., 1839. In-fol.

Denkschrift der theologischen Gesellschaft in Strassburg 1828-1839. Strassb., 1840. — *Idem.* II. 1840-1846. *Jena*, 1847-1853.

Recueil officiel des Actes du Directoire du Consistoire général (depuis 1851 supérieur) de la Confession d'Augsbourg. Strasb., 1840 jusqu'à nos jours. In-4°.

Affiches de Strasbourg. Strasb., 4 Sept. 1840 jusqu'à nos jours. In-4°. Fr. et all.

Katholisches Kirchen- und Schulblatt. Strassb., 1840-1857. In-8°.

Indicateur pour le canton de Haguenau. Haguenau, 1840-1849. Gr. in-4°. Fr. et all.

Gutenbergs-Stiftung. Strassb., 1840-1846. 5 livraisons in-8°.

Service médical de l'asile public d'aliénés de Stephansfeld. Strasb., 1841-45 par J. Roederer ; 1850 jusqu'à nos jours par Dagonet. In-8°.

Gazette médicale de Strasbourg. Strasb., 1841 jusqu'à nos jours. In-4°.

L'Abeille. Petite revue d'Alsace et de Lorraine. Journal littéraire, religieux, intéressant et amusant. Strasb., 1842 et 43. 2 vol. in-8°.

Congrès scientifique de France. 10ᵉ session tenue à Strasbourg en Sept. et Oct. 1842. Strasb., 1843. 2 vol. in-8°.

Bulletin de la 10ᵉ session du Congrès scientifique de France tenue à Strasbourg. Strasb., n° 1, 27 Sept. 1842 - n° 16, 12 Oct. 1842. In-4°.

Archiv der Strassburger Pastoral-Conferenz. Strassb., 1843 jusqu'à nos jours. In-8°.

Publications agricoles faites par le Comice agricole de Schiltigheim. Strasb., 1843-1845. In-8°. Fr. et all.

Revue catholique de l'Est. Strasb., 1843. In-8°.

Ottmann, père. Publications agricoles. Strasb., 1846-1856. In-8°. Fr. et all.

Stoeber, Aug. 𝒜. Fr. Otto Elsässische Neujahrsblätter. 1843-1849. *Mülhausen.* 6 années. In-8°.

Bulletin agricole de la Société des Sciences, Agriculture et Arts du département du Bas-Rhin. Strasb. Avril 1843 jusqu'à nos jours. In-8°.

Axinger. L'Observateur du Rhin. Revue catholique alsacienne de l'Est. Strasb., 1843 et 1844. In-8°, in-4° et in-fol, nᵒˢ 1 à 16.

Bulletin agricole des Comices de l'arrondissement de Schlestadt. Schlestadt, 1845-1850. In-8°.

L'Impartial du Rhin. Strasb., 1845. In-fol.

Annalen der Verbreitung des Glaubens. Strassb., 1846 jusqu'à nos jours. In-8°.

Archives de la Société d'Horticulture de Strasbourg. Strasb., 1846-1848. In-12.

Weil et Baquol aîné. Le Mercure alsacien. Répertoire général pour les départements du Haut- et Bas-Rhin, suivi d'un vocabulaire de toutes les communes de l'Alsace. Strasb., 1846. In-12.

Edel, F. W. *Monatblätter der Blessig-Stiftung. Strassb.,* 1847-1850. 4 vol. in-8°.

Erwinia. Feuille de correspondance maçonnique. Strasb., 1847-1848. In-4°.

Ravenèz, L. W. L'union alsacienne. Revue catholique de l'Est. Strasb., 1847. Gr. in-8°. (Mort-né.)

Boersch, Ch. Journal de la Réforme protestante. *Protestantisches Reformblatt.* Strasb. N° 1, 11 Juillet 1847 - n° 25, 25 Déc. 1847. Gr. in-fol.

Der Elsässer Stadt- und Landbote. Strassb. (Christophe). Depuis 1847 jusqu'à nos jours.

iSSTT

Reuss, Ed., et Ed. Cunitz. *Beiträge zu den theol. Wissenschaften. Jena*, 1847 jusqu'à nos jours. In-8°.

Le Républicain alsacien. Strasb., 19 Mars - 30 Juin 1848. In-fol. Fr. et all.

Aron, Jérôme. L'Ami des Israélites. Revue mensuelle religieuse, morale et littéraire. Strasb., 1848. In-8°.

Procès - verbaux officiels des séances de la Commission municipale. 27 Février - 3 Mars 1848. Strasb. In-4°. Fr. et all.

Le Démocrate du Rhin. Strasb., 1848 - 1851. In-fol.

Affiches, Annonces et Avis divers de l'arrondissement de Wissembourg. *Weissenburger Bezirks-Anzeiger*. Wissemb., 1849 jusqu'à nos jours.

Der gute Bote. Strassb. (Veuve Levrault). 1841 jusqu'à nos jours. In-4°.

Budget départemental (Bas-Rhin) de l'instruction primaire. 1848 jusqu'à nos jours. Strasb. In-4°.

Mansuy. *Zeitschrift der Ackerbauschule zu Weissenburg. Weissenb.*, 1850, 1851. In-8°.

Indicateur pour les cantons de Haguenau, Bischwiller, Brumath, Niederbronn, Seltz, Soultz-sous-Forêts et Wœrth-sur-Sauer. Haguenau, 1850 jusqu'à nos jours. In-fol. Fr. et all.

Revue d'Alsace. Colmar, 1849 jusqu'à nos jours. Gr. in-8°. Avec lith.

Stoeber, Aug. *Neujahrsstollen für 1850. Mülhausen*, 1850. In-8°.

Colani, T. Revue de Théologie et de Philosophie chrétienne. Strasb., 1850 - 1857. 16 vol. in-8°. Depuis 1858 : Nouvelle Revue de Théologie.

Der rheinische Demokrat. Strassb., 3 Janv. 1849 - 28 Nov. 1851. In-fol.

Grand Almanach populaire du Bas-Rhin pour 1851. Paris. In-16° Avec 1 carte du Bas-Rhin.

Stoeber, Aug. *Alsatia. Mülhausen*, 1851 - 1858. In-8°.

Bulletin académique du département du Bas-Rhin. Strasb., 1851 jusqu'à nos jours. In-4°.

Husson. L'Abeille alsacienne. Journal d'agriculture et de médecine vétérinaire. Strasb., 1853, 1854. In-fol. Fr. et all.

Almanach des familles. In-4°, avec cart. et vignettes ; paraissant depuis 1844.

Baquol, J. Almanach alsacien. 1854. In-8°.

Chambre consultative d'agriculture et de commerce de l'arrondissement de Strasbourg. Strasb., 1854, 1855. In-4°.

Journal de la Société d'Horticulture de Strasbourg. Strasb., 1853 jusqu'à nos jours. In-8°.

Bentz, L. L'Echo du Rhin. Strasb., 1855, 1856. In-fol. Fr. et all.

L'Écho des Théâtres. Strasb., depuis le 6 Janvier - 30 Avril 1856. In-4°.

Bulletin de la Société pour la conservation des monuments historiques d'Alsace. Strasb., 1856 jusqu'à nos jours. In-8°.

Elsässisches Samstagsblatt. Mülhausen, 1856 jusqu'à nos jours. In-4°.

Union alsacienne. Recueil religieux, scientifique, historique, littéraire et bibliographique. Strasb. , 1858. In-8°.

L'illustration de Bade. Strasb., 1858. In-4°. Avec gravures sur bois.

C. BIOGRAPHIE.

(D'après l'ordre alphabétique.)

EDEL, F. W. *Zum Andenken an J. F. Aufschlager. Strassb.*, 1833. In-8°.

MATTER, J. La vie et les travaux de *Christian Bartholmess.* Strasb., 1856. In-8°.

STURMIUS, Joh. *Beati Rhenani vita. Basil.*, 1551. In-fol. — *Idem. Strassb.*, 1610. In-12.

CAILLIOT, R. Notices biographiques sur *Bérot* et *Nestler.* Strasb., 1833. In-4°.

BLESSIG, J. L. *Leben J. Ph. Beyckert's. Strassb.*, 1787. In-12.

Memoriam Joh. Philippi Beyckert, etc. Argent., 1787. In-fol.

DAHLER, J. G. *Memoria J. L. Blessig. Argent.*, 1846. In-8°.

FRITZ, Carl Max. *Leben Joh. Lor. Blessig's. Strassb.*, 1818. 2 t. in-8°. Avec le portrait de Blessig.

BRAUNWALD, Em. *Erinnerungen an Joh. Bœckel. Strassb.*, 1849. In-8°.

Jonas Bœckel, Pfarrer zu Strassburg. Strassb., 1834. In-8°.

GRANDIDIER, P. A. Abrégé de la vie de *Séb. Brand.* Strasb., 1780.

Memoriam Rich. Franc. Phil. Brunckii, etc. Argent., 1803. In-fol.

Historia vera de vita, obitu, sepultura, accusatione hæreseos, condemnatione, exhumatione, combustione, honorificaque tandem restitutione beatorum atque doctiss. Theologorum D. Martini Buceri et Pauli Fagii, etc. Argent., 1562. In-12.

COZE. Notice biographique sur *René Cailliot.* Strasb., 1836. In-4°.

HOFFET, J. Ch. Esquisse biographique sur *Capiton.* Thèse. Strasb., 1850. In-8°.

TOURDES, J. Éloge historique de *Pierre Coze.* Strasb., 1822. In-4°.

SPACH, L. *Dominique Dietrich,* Ammeistre de Strasbourg. Strasb., 1857. In-8°.

SCHOELL, Fr. *Ueber Dietrich, ehmal. Maire von Strassburg. Strassb.*, 16 nov. - 8 déc. 1792. 6 numéros in-8°.

SPACH, L. *Fréderic de Dietrich,* premier Maire de Strasbourg. Strasb., 1857. In-8°. Avec portrait.

Memoriam Georgii Friderici Engelhardt, etc. Argent., 1770. In-fol.

BADER, Jos. *Meister Erwin von Steinbach und seine Heimath. Karlsruhe,* 1844. In-8°.

Kurze historische Notiz über Erwin von Steinbach. Baden. (1844). In-8°.

Memoriam Joh. Fred. Faustii, etc. Argent., 1769. In-fol.

Stoltz, J. A. Notice historique sur *P. R. Flamant.* Strasb, 1833. In-4°.

Varlet, C. L. Éloge historique de *P. R. Flamant.* Saint-Dié, 1833. In-8°.

Histoire de la vie de *saint Florent*, évêque de Strasbourg. Strasb., 1772. In-18.

Bégin Notice biographique de *F. E. Fodéré.* Strasb., 1836. In-4°.

Memoriam Philippi Jacobi Franckii, etc. Argent., 1780. In-fol.

Schweighæuser, J. F. Notice biographique sur *Fried* et *Rœderer*, professeurs de médecine. Strasb., 1835. In-8°.

Notice biographique sur M. le Général Baron *Fririon.* Sainte-Etienne, 1853. In-8°.

Memoriam Pauli Gothofredi Gambsii, etc. Argent., 1768. In-fol.

(Rieger). *Amœnitates literariæ Friburgenses. Ulmæ*, 1775-1776. 2 t. (Contenant les biographies de *Geiler de Kaisersberg*, *Conrad* et *Pierre Wickgram*, *Wimphéling*). Avec plusieurs gravures.

Oberlin, J. J. *De Joh. Geileri, Cæsaremontani, vulgo dicti von Keysersberg scriptis germanicis, etc. Argent.*, 1786. In-4°.

Von Amann, Ph. Wilh. *Geiler von Kaisersberg. Leben, Lehren und Predigten. Erlangen*, 1826. In-8°.

Stoeber, Aug. Essai historique et littéraire sur la vie et les sermons de *Jean Geiler de Kaisersberg.* Strasb., 1834. In-4°.

Edel, F. W. *J. Geiler von Kaisersberg, Vorarbeiter der Reformation. Strassb.*, 1848. In-12.

Cailliot, R. Biographie de *A. C. Gerboin.* Strasb., 1828. In-4°.

Chancel, G. *Ch. Fréd. Gerhardt*, de Strasbourg (1816-1856), sa vie et ses travaux. Montpellier, 1857. In-8°.

Walterich, J. N. *Gottfried von Strassburg, ein Sänger der Gottesminne. Leipz.*, 1858. In-8°.

Villenave. Notice sur *J. J. Gœpp.* Paris, 1835. In-8°.

Boyer. Notice biographique sur *J. M. A. Goupil.* Strasb., 1837. In-4°.

Spach, L. Éloge de *Grandidier.* Colmar, 1851. In-8°.

Grandidier, Tony. Notice sur la vie et les ouvrages de l'abbé *Grandidier.* Colmar, 1858. In-12.

Grappin, D. Éloge historique de M. l'abbé *Grandidier.* Strasb., 1788. In-8°.

Notice nécrologique sur *Jean Guérin.* Strasb., 1836. In-8°.

Oberlin, J. J. Essai d'annales de la vie de *Jean Gutenberg*, inventeur de la typographie. Strasb., 1801. — 2e édition. Strasb., 1840. In-8°.

Schmidt, C. Nouveaux détails sur la vie de *Gutenberg*, tirés des archives de Saint-Thomas à Strasbourg. Strasb., 1840. In-8°.

Herrmann, .G. Essai sur la vie et les écrits de *Melchior Hoffmann.* Strasb., 1852. In-8°.

Hirtz, Daniel. *Des Drechslers Wanderjahre. Strassb.,* 1844. In-12. *Memoriam Mathix Heus, etc. Argent.,* 1758. In-fol.

Wibel, J. G. *Merkwürdige Lebensgeschichte des Grafen Sigmund von Hohenlohe, gewesenen Dom-Dechants des hohen Stiffts zu Strassburg, sammt dessen Creutz-Büchlein von Anno* 1528. *Frankf. und Leipz.,* 1748. In-4°.

Mémoires de *J. D. Holtzapffel.* Strasb., 1822. In-12.

D'Argout, comte. Éloge funèbre de M. *Humann,* Pair de France, Ministre des Finances. Strasb., 1843. In-8°. En fr. et en all.

Lubert d'Héricourt. Vie du Général *Kleber.* Paris, 1801. In-8°. Avec portrait.

Notice historique sur la vie du Général *Kleber.* Strasb., 1818. In-8°.

Klein, Théod. *Kleber. Eine biographische Skizze. Strassb.,* 1840. In-8°.

Schweighæuser, J. G. Vie de *Christophe Guillaume Koch.* Strasb., 1813. In-8°.

Oberlin, J. J. *Jacobus Twingerus Regiovillanus, vulgo Jacob de Kœnigshoven, etc. Argent.,* 1770. In-4°.

Fodéré, F. E. Notices sur la vie et les ouvrages de M. *Chrétien Kramp.* Strasb., 1826. In-8°.

Masuyer. Biographie de *J. G. Lauth.* Strasb., 1827. In-4°.

Ehrmann, C. H. Éloge historique d'*Ernest Alexandre Lauth.* Strasb., 1837. In-4°.

Stoeber, Aug. *Der Dichter Lenz und Friederike von Sessenheim. Basel,* 1842. In-8°. Avec 1 lithographie.

De Ladoucette, baron. Notice biographique sur M. le Marquis *de Lézay-Marnésia.* Paris, 1817. In-8°.

Spach, L. *Adrien Comte de Lézay-Marnésia,* Préfet du Bas-Rhin. Notice biographique. Strasb., 1854. In-18.

— *Lézay-Marnésia.* Influence de son administration sur l'agriculture du Bas-Rhin. Strasb., 1848. In-8°.

Ehrmann, C. H. Eloge historique du professeur *J. F. Lobstein.* Strasb., 1836. In-4°.

Lebens-Lauff von Johann Michael Lorentz. Strassb., 1714. In-fol.

Memorix Sig. Friderici Lorenzii. Argent., 1783. In-4°.

Lebensgeschichte des heiligen Ludanus. Strassb., 1847. In-12.

Hautz, J. F. *Jacob Micyllus, Argentinensis. Heidelbergæ,* 1542. In-8°.

Fues, abbé. Vie de S. Morand. Strasb., 1840. In-18.

Memoriam Joh. Friderici Mossederi, etc. Argent., 1783. In-fol.

WALDAU, G. E. *Nachrichten von Thomas Murner's Leben und Schriften. Nürnberg*, 1775. In-12.

DE NEUFCHATEAU, le comte François. Rapport sur les services rendus à l'agriculture depuis plus de 50 ans par M. *J. F. Oberlin*. Paris, 1848. Avec portrait et médaille.

TOUVELLE, Amédée. Le pasteur *Oberlin* ou le Ban-de-la-Roche. Strasb., 1824. In-12.

KRAFFT. *Aus Oberlin's Leben. Strassb.*, 1825. In-8°. Avec portrait.

LUROTH. Notice sur *J. F. Oberlin*. Strasb., 1826. In-8°.

Der Prediger J. F. Oberlin, im Steinthal. Ein Vorbild für Landprediger. Berlin, 1829. In-12.

STOEBER, E. Vie de *J. F. Oberlin*. Strasb., 1831. In-8°. Avec 9 lith.

SCHUBERT. *Züge aus dem Leben J. F. Oberlin's. Nürnberg*, 1832. In-12.

MERLIN, Paul. Le pasteur *Oberlin*. Nouvelle alsacienne. Paris, 1833. In-8°.

MATHIEU. Éloge de *J. F. Oberlin*. Épinal, 1834. In-8°. 2e édition.

Lettres aux enfants sur *Oberlin* et le Ban-de-la-Roche. Strasb., 1841. Avec 2 lith.

BURCKHARDT, W. *Joh. Friedr. Oberlin's vollständige Lebensgeschichte und gesammelte Schriften. Stuttg.*, 1843. 4 vol. in-12. Avec 2 lith.

SPACH, L. *Oberlin*, civilisateur du Ban-de-la-Roche. Strasb., 1850. In-8°.

BODEMANN, Fr. W. *Joh. Friedr. Oberlin, Pfarrer im Steinthal. Stuttg.*, 1855. In-12. Avec 2 lith.

MOREL, Edm. Notice biographique sur *J. F. Oberlin*. Paris, s. a. In-8°.

SCHWEIGHÆUSER, J. *Memoriam J. J. Oberlini, etc. Argent.*, 1806. In-8°.

STOEBER, E. *Biographische Notiz über J. J. Oberlin, nebst Verzeichniss seiner Schriften. Strassb.*, 1806. In-8°.

MUNZ, G. L. *Der Bildhauer Ohmacht und seine Werke. Hadamar und Coblenz*, 1818. In-12.

(GRANDIDIER, abbé). Notice sur la vie *d'Otfried*, poëte célèbre du IXe sièle. Strasb., 1778. In-8°.

HORNING, F. T. Conjectures sur la vie et l'éducation *d'Otfried*, moine de Wissembourg. Strasb., 1833. In-4°.

Memoriam Johannis Pfeffingeri, etc. Argent., 1782. In-fol.

ETTLIN, F. J. *Vita Casimiri ex liberis Baronibus de Rathsamhausen, Abbatis et Principis Murbachensis et Ludrensis, in fama sanctitatis mortui. Argent.*, 1787. In-8°.

Lebensbeschreibung von Johann Caspar Reuchlin. Altenb., 1767. In-fol.

Memoriam Frid. Jacobi Reuchlin, etc. Argent., 1788. In-fol.

Memoriam Joh. Georgii Rœdereri, etc. Argent., 1763. In-4°.

(Rumpler de Rorbach). Histoire véritable de la vie errante et de la mort subite d'un Chanoine qui vit encore, etc. S. l., 1784. In-8°.

— Dossier des pièces, par un chanoine ressuscité à demi, contre les auteurs de sa mort et leurs complices. S. l., 1784. In-8°.

— *Wahre Geschichte des unsteten Lebens und des jählichen Todes eines noch lebenden Domherrn, nebst den Akten, etc. Frankf.*, 1790. 2 vol. in-8°. Avec le portrait du Chanoine Rumpler.

— Actes d'un bon apôtre méchamment calomnié. Strasb., 1791-1795. In-8°. Avec le portrait de l'auteur.

Jahrbuch zur Erläuterung der Denkwürdigkeiten des schönen Geschlechts. Koblenz, 1783. In-12. (Vie de *Sabina de Steinbach*).

Memoriam Joh. Friderici Schereri, etc. Argent., 1777. In-fol.

Giraud, Ch. Éloge de *Schilter*. Strasb., 1845. In-8°.

Lebens-Lauff von Sebastian Schmidt. Strassb., 1696. In-fol.

Schilderung der neufränkischen Apostel in Strassburg : Eulogius Schneider, J. J. Kümmerer, Thaddaeus Anton Dereser, Fr. Schwind und Brendel. S. l., 1792. In-8°.

Eulogius Schneider's Schicksale in Frankreich. Strassb., 1797. In-8°.

Klüpfel, Engelbert. *Necrologium, sodalium et amicorum litterarorium. Frib. et Const*, s. a. In-8°. (Contient la vie d'*Euloge Schneider*).

Biographie Friedrich Schœll's. Leipzig, 1821. In-8°.

Pihau de la Forest, A. Essai sur la vie et les ouvrages de M. *S. F. Schœll*. Paris, 1834. In-8°.

Ring, Fr. Dom. *Vita Jo. Dan. Schœpflini. Carolsruhæ*, 1767. In-12.

Memoriam Joh. Danielis Schœpflini, etc. Argent., 1771. In-fol.

Lobstein, J. M. *Ehrengedächtniss J. D. Schœpflin's. Giessen*, 1776. In-8°.

Spach, Louis. Éloge de *Schœpflin*. Colmar, 1850. In-8°.

Culmann. *Skizzen aus Gervasius Schuler's Leben und Wirken. Strassb.*, 1855.

Bruchstücke aus dem Leben Schulmeisters von Meinau. Leipzig, 1847. In-12.

Dahler, J. G. *Memoriæ J. Schweighæuseri sacrum. Argent.*, 1830. In-8°.

Stievenart, J. P. Éloge historique de *J. Schweighæuser*. Strasb., 1830. In-8°.

Johannes Schweighæuser. S. l., 1830. In-8°.

Notice sur M. *J. G. Schweighæuser*. Meaux, 1844. In-8°.
Notice sur *J. G. Schweighæuser*. Strasb., 1844. In-8°.
Hellenberg, G. H. *Von Daniel Speckle. Göttingen*, 1776. In-4°.
Spach, L. *Daniel Speckle*. Strasb., 1857. In-8°.
Von Canstein, C. H. *Lebensbeschreibung des Dr Phil. Jacob Speneri. Halle*, 1740. In-8°.
P. J. Spener, nach seinem Leben und Wirken. Strassb., 1820. In-8°.
(Schuler). *Phil. Jac. Spener. Strassb.*, 1835. In-8°.
Aus der Lebensgeschichte des frommen Phil. Jac. Spener. Strassb., 1851. In-8°.
Memoriam Jacobi Reinboldi Spielmanni, etc. Argent., 1783. In-fol.
Berneggeri, Matth. *Laudatio postuma Petri Storckii, Consulis et Scholarchæ Argent. Argent.*, 1627. In-4°. Avec portrait.
Glonerus, Sam. *Vita Petri Storckii. Argent.*, 1627. In-4°.
Baum, Joh. Wilh. *Joh. Georg Stuber, der Vorgänger Oberlins im Steinthale, und Vorkämpfer einer neuen Zeit in Strassburg. Strassb.*, 1846. In-12.
Manes Sturmiani sive Epicedia scripta in obitum summi viri Joan. Sturmii, etc. Argent., 1590. In-18. Avec le portrait gravé sur bois.
Fritz, C. M. *Sturm v. Sturmeck. Strassb.*, 1817. In-8°.
Schmidt, Ch. La vie et les travaux de *Jean Sturm*. Strasb., 1855. In-8°. Avec le portrait de J. Sturm.
Oberlin, J. J. *De Joh. Tauleri ord. prædicat. dictione vernacula et mystica. Argent.*, 1786. In-4°.
Schmidt, C. *Johannes Tauler von Strassburg. Hamb.*, 1841. In-8°.
Edel, F. W. *Johannes Tauler, Prediger zu Strassburg im vierzehnten Jahrhundert. Strassb.*, 1852. In-12.
Spach, L. M. *Fréderic de Türckheim.* Colmar, 1854. In-8°.
De Ladoucette, Baron. Notice biographique sur M. *Villars*. Paris, 1818. In-8°.
Memoriam Joh. Wiegeri, etc. Argent., 1769. In-fol.
Spach, L. *Joseph Willm.* Colmar, 1853. In-8°.
— Notice sur feu M. Willm. Strasb., 1853. In-12.
Adolescentia Jacobi Wimphelingii. Argent., 1515 et 1525. In-4°.
Schwalb, A. Notices sur Wimpheling. Strasb., 1851. In-8°.
Hackenschmidt, C. *Vater Wurtz, der Stifter der Neuhof-Anstalt. Strassb.*, 1847. In-18.
Roehrich, T. W. *Meister Mathias Zell, der erste evangel. Pfarrer in Strassburg. Strassb.*, 1850. In-8°.

IV. CARTES.

A. CARTES DE L'ALSACE.

(D'après l'ordre chronologique.)

Tabulæ Theodosianæ Segmentum in quo Alsatia romana.

Alsatia antiqua usque ad sæculum V.

Alsatiæ francicæ Ducatus in pagos et comitatus suos divisus cum oppidis, castris, palatiis, monasteriis, vicis. (Ces trois cartes se trouvent dans SCHOEPFLIN, *Alsatia illustrata.*)

Charte des Elsasses, von DANIEL SPECKEL. 1576. (3 feuilles.)

Alsatia inferior et superior, auct. MERCATORE.

Alsatia Landgraviatus cum Suntgoia et Brisgoia, auct. MERCATORE.

Alsatia Landgraviatus cum Sundgoia, Brisgoia et Alsatia inferiori, auct. MERIAN.

Alsatia Landgraviatus; WALTHER. 1575.

L'Alsace divisée en ses principales parties, par SANSON. 1674.

Charte des Elsasses, von MEYER. 1677. (3 feuilles.)

Alsatia superior et inferior tribus tabellis cum finitimis Epiocopatibus, Ducatibus, Principitatibus et Marchoniatibus, Abbatiis, Comitatibus, Urbibus, olim imperialibus et aliis civitatibus, auct. JACQUES DE MICHAL. (3 feuilles.)

Totus Alsatiæ novissima Tabula, auct. JACQUES DE SANDRART.

Alsatia Landgraviatus cum utroque marchionatu Badensi, Sundgovia et Brisgovia, auct. SEUTHER.

Utriusque Alsatiæ ducatus Biponti et Spirensis episcopatus novissime descriptio, auct. F. DE WIT.

L'Alsace divisée en ses principales parties, par JAILLOT. 1797. (2 feuilles.)

Carte nouvelle et spécialissime de l'Alsace au delà du Rhin; dessinée avec diligence et réduite en forme portative avec un registre de toutes les places, par un amateur de la géographie. 1706. In-8°. (14 planches et 32 pages de texte.)

Superioris atque inferioris Alsatiæ Tabula, auct. V. SCHENCK.

Landgraviatus Alsatiæ tam superioris quam inferioris, auct. HOMANNUS.

Alsatia tam superior quam inferior una cum Sundgovia, auct. HOMANNUS. (2 feuilles.)

Carte de la Haute- et Basse-Alsace, Sundgau, Brisgau, Ortenau, marquisat de Bade, par FRIEDRICH. 1727. (C'est la même qui se trouve dans LAGUILLE, Histoire d'Alsace.)

La Haute- et la Basse-Alsace, par Le Rouge. 1743.

Carte de la Haute- et Basse-Alsace, par Bailleul. 1754.

Carte de la Haute- et Basse-Alsace, Sundgau, Brisgau, Ortenau et partie du marquisat de Bade. Strasbourg. (4 feuilles.)

Carte de l'Alsace, par Cassini. (Nos 161 à 165 et 171 ; 6 feuilles.)

Carte de l'Alsace, par Weiss. 1781.

Charte vom Elsass. 1782.

Neueste und vollständige Charte von ganz Elsass und den umliegenden Gränzen, von Artaria. 1789.

La province d'Alsace, divisée en territoires et seigneuries, par Meyer. 1791.

Die Departemente des Ober- und Niederrheins oder das ehemalige Elsass, von Haas. 1801.

Cinquième division militaire, comprenant le Haut- et le Bas-Rhin, faisant partie de l'Atlas communal de France.

Carte vom Elsass. 1822.

Das Elsass und seine Umgebungen, von Glæsbach.

Carte des départements du Haut-Rhin et du Bas-Rhin, formant l'ancienne province d'Alsace. Strasbourg, 1832.

Bas-Rhin, Haut-Rhin, du Nouvel atlas national. Paris, 1835.

L'Alsace et la rive droite du Rhin. Strasbourg, 1840.

Carte des départements du Haut- et Bas-Rhin formant l'ancienne province d'Alsace, par Éd. Wissant. Strasb. (2 feuilles.)

Carte des départements du Haut- et du Bas-Rhin. Strasbourg, 1854.

Elsässische Sagenkarte, nach Aug. Stœbers Angabe, von J. Ringel. 1851.

Carte de l'organisation financière des départements du Haut- et du Bas-Rhin. 1855.

Carte de l'organisation de la gendarmerie dans les départements du Haut- et Bas-Rhin, formant la 25e légion. 1855.

Carte du diocèse de l'Alsace en 1789. 1855.

Carte du diocèse de Strasbourg, présentant l'état de toutes ses paroisses sous l'épiscopat de Mgr. André Ræss. 1855.

Carte de l'organisation du culte de la confession d'Augsbourg en France. 1855.

B. CARTES ROUTIÈRES.

Carte routière des provinces d'Alsace et de la Lorraine, divisée en six départements, par Tardieu.

Carte des grandes routes et principales communications de la province d'Alsace, par Weiss.

Carte routîére de l'Alsace, du cercle du Rhin, etc., par Geibel. 1828.

Carte itinéraire du voyage du Roi en Alsace. 1828.

Carte des quatre voies de Strasbourg à Bâle.

Carte routière du département du Bas-Rhin. 1839.

Carte du département du Bas-Rhin, indiquant le nouveau classement des routes départementales et des chemins de grande communication. 1849.

C. COURS DU RHIN.

Drey Tafeln des Rheinstroms, von H. Münster. 1628.

Totius Rheni ab ejus capitibus ad Oceanum . . . . novissima editio, a. H. Handio. 1632.

Totius fluminis Rheni novissima descriptio, a. J. Danckerts.

Totius fluminis Rheni novissima descriptio, a. Walther. 1675.

Vollständige Charte des ganzen Rheinstroms, von Riegel. 1688.

Le cours du Rhin, de la Moselle, de la Meuse, etc., par De Fer. 1702.

Cursus Rheni a Basilea usque ad archiepiscop. Coloniensem, par Seuther. (3 feuilles.)

Totius fluminis Rheni novissima descriptio, a. Visscher.

Der ganze Rheinstrom, von J. L. K. (2 feuilles.)

Cursus Rheni a Basilea usque Bonnum, a. Deslile. (3 feuilles.)

Gantz neue Vorstellung des Rheinstroms von Basel bis Coblentz, von Homann. (4 feuilles.)

Rhenus per tres tabellas delineatus cum finitionis fortificatii, etc., a. Michal. (3 feuilles.)

Rhenus fluviorum Europææ celeberrimus, a. Fischer.

Charte von Mosel, Saare, Necker, Rhein- und Main-Strom, von Reigel.

Cours du Rhin, par Poinson. 1793.

Karte des ganzen Rheinstroms, nach Sandrard, von Malafisicdz. 1794. (2 feuilles.)

Specialcharte des Rheinlaufs von Strassburg nach Speier, von Durarat. 1797. (2 feuilles.)

Carte topographique du cours du Rhin, contenant l'Alsace divisée en départements, avec la nouvelle division du Thalweg, d'après le traité de Lunéville, par Le Rouge. 1802. (5 feuilles.)

Carte de la rive gauche du Rhin, depuis Bâle jusqu'à Nimègue, par Tardieu. 1802.

Cours du Rhin, dressé par Chaumin, revu par Maubergue. 1813.

Geographische Charte der Rheinländer zwischen Basel und Maintz. Berlin, 1825.

Esquisse des voies commerciales de Bâle à Francfort et Mayence. 1828.

Rheinlauf von Strassburg bis Amsterdam. 1834. (2 feuilles.)

Upper Rhine and TOMBLESONS.

Cartes du cours du Rhin depuis Bâle jusqu'à Lauterbourg, publiées par l'administration des ponts et chaussées pour le service des travaux du Rhin. 1840. (18 feuilles.)

Rheingrenzen-Charte. Fribourg. (20 feuilles.)

Karte der Rheingegend von Strassburg bis Basel. Bâle.

D. CHEMINS DE FER.

Chemin de fer de Strasbourg à Bâle. Strasbourg, 1842.

Carte des chemins de fer d'Alsace, avec toutes les stations. Mulhouse.

Panorama des Vosges et du chemin de fer. In-fol. obl. avec texte in-8°. Strasbourg, 1844.

Carte du chemin de fer de Strasbourg à Sarrebourg. Strasbourg, 1851.

Chemin de fer de Strasbourg aux Vosges. 1854.

Carte des chemins de fer de Paris à Strasbourg et de Strasbourg à Bâle, avec leurs correspondances. 1856.

Plan indiquant les tracés des chemins de fer de Kocheren à Sarrebourg, de Kocheren à Haguenau, ainsi que celui du canal des houillères du bassin de Sarrebourg vers la Meurthe, les Vosges et l'Alsace. 1858.

E. CARTES GÉOLOGIQUES.

Carte minéralogique des départements du Haut- et du Bas-Rhin, formant la ci-devant Alsace, par GRAFFENAUER. 1806.

Carte minéralogique du Haut-Champ et de ses environs, par H. G. OBERLIN. 1806.

Geognostische Charte der Rheinländer zwischen Basel und Mainz. Berlin, 1825.

Carte de l'extrémité septentrionale de la chaîne des Vosges entre Bitsche, Wissembourg, Lauterbourg et Haguenau, pour le gisement des mines d'asphalte, bitume et lignite de Lobsann, par HÉRICOURT DE THÉRY. 1838.

Coupe géologique de la chaîne des Vosges, de Bitsche à Soultz-sous-Forêts et Seltz sur le Rhin, par HÉRICOURT DE THÉRY. 1838.

Coupe géologique de la mine d'asphalte, bitume et lignite de Lobsann, par HÉRICOURT DE THÉRY. 1838.

Tableau des principales hauteurs des Vosges, dressé par HESSELET dit HEERE. 1842.

Plan représentant en projection horizontale les contours des amas bitumineux exploités à Bechelbronn depuis 1810, par A. DAUBRÉE. 1850.

Disposition des deux terrasses diluviennes qui bordent le Rhin entre Bâle et Neuf-Brisach, par A. DAUBRÉE. 1850.

Carte géologique du département du Bas-Rhin, par A. Daubrée. 1851.
Cinq tableaux géologiques. Coupes de montagnes, etc., du département
du Bas-Rhin, par A. Daubrée. 1852.

F. THÉATRES DE GUERRE.

État de la guerre sur le Rhin, pour servir à l'histoire de Gustave-Adolphe,
par L. Schenck.

*Abriss des Rheinstroms und der daran gelegenen Landschaft, darin
S. M. der König von Schweden den Krieg führt.* 1632.

*Belagerung der festen Stadt Benfeld, welche im Namen I. K. M. in
Schweden durch General Horn ist belagert worden, den* 10/20
Sept. 1632.

*Schlettstadt, eine vornehme Stadt, im Elsass gelegen, welcher Ge-
stalt dieselbe I. K. M. in Schweden durch General Horn ist belagert worden, den 2/12 Nov.* 1632.

Carte d'une partie de l'Allemagne et des États voisins, pour servir d'intelligence des campagnes du Maréchal de Turenne en 1672 et 1673,
par De Beaurain.

Carte topographique du cours du Rhin, depuis Bâle jusqu'à Mayence,
dans laquelle sont compris le Sundgau, la Haute- et Basse-Alsace, etc.,
sur laquelle on a tracé les mouvements et les positions des armées
françaises et allemandes pendant la campagne de 1674 et 1675, par
De Beaurain. (6 feuilles.)

*Abbildung des Treffens zwischen den Kaiserlichen und den Fran-
zösischen Armeen den 24 July (4 Aug.) 1675 bey Strassburg.*

Bataille d'Entzheim, près de Strasbourg, gagnée le 4 oct. 1674, par l'armée française aux ordres du Maréchal de Turenne, sur l'armée allemande, commandée par les ducs de Beurnonville et de Lorraine et le
prince de Holstein, par De Beaurain.

*Prospect des zwischen Enzheimb und Holzheimb, unweit Strass-
burg, zwsichen den Alliirten und den Franzosen den 24 Sept.
(4 Oct.) 1674 ergangenen blutigen Treffens.*

*Abriss der umb Strassburg gelegenen Landschaft, woselbsten vor
und nach dem Treffen bei Ensheim beide Truppen gestanden.* 1674.

Château de Wasselonne, assiégé le 12 oct. 1674 par les Brandebourgeois,
par De Beaurain.

Plan de la ville et du château de Dachstein, assiégé le 1er avril 1675,
par De Beaurain.

Carte très-particulière des environs de la ville de Strasbourg. Les camps
de bataille, par Sengre.

Théâtre de la guerre de 1672 à 1675, par De L'Isle. (3 feuilles.)

Le Théâtre de la guerre sur le Haut-Rhin, contenant l'Alsace, etc., par Nolin.

Martialischer Schauplatz. Geographischer Grundriss des gantzen Rheinstroms, par Hoffman. 1689.

Uebersichts-Carte zu den Feldzügen 1689 und 1690 in Deutschland, *von* F. von Kausler. 1838.

Uebersichts-Carte zum Feldzuge des Prinzen Eugen im Jahr 1701, *von* F. von Kausler. 1838.

Partie du Haut-Rhin où se trouvent la Haute- et la Basse-Alsace, dressée sur les mémoires de Daniel Specklé, contenant la campagne de 1690, par De Fer. 1702.

Theatrum belli rhenani, 10 sept. 1702, a. Homann.

Le Théâtre de la guerre dessus et au-dessus du Rhein, par De Fer. Atlas gr. in-4°.

Le Théâtre de la guerre pour les mouvements présents des armées en Allemagne et en Alsace, par Bath. 1703.

Particular-Carte von den Frantzösischen Linien längs dem Flusse Motter in Nieder-Elsass, allwo man die Lager der Kayserlichen und der Franzosen marquiert findet, nachdem die Linien der Kayserlichen Armee unter Sr. Durchl. Prince Louis von Baden, nebst worin desgleichen ist die Situation von Drusenheym, Hagenau, Pfaffenhoven, Wierschen sehr exact aufgetragen, von Albrecht. 1705.

Plan de la ville et des attaques de Haguenau. 1705.

Neue accurate Land-Carte von denjenigen Ländern, die vom Ober-Rheinischen Creys der Cron Frankreich überlassen worden nebst dem Breysgau und denen Vestungen am Rhein, von M. J. F. Scharfenstein. 1734. (En 16 feuillets.)

Carte du cours du Rhin depuis Bâle jusqu'à Coblence, contenant les campagnes du Maréchal de Saxe. 1732.

Attaque du fort de Kehl en 1733.

Plan und Gegend der Veste Kehl mit allen detaschirten Werken, von Michel. (1733.)

Theatrum belli ad Rhenum superior. nec non munimentorum tum Imperialum, tum Gallicorum ichnographica exhibitio, etc., auct. Homann, 1734.

Carte géographique de la campagne du Haut-Rhin pour l'année 1734, contenant toutes les marches et contremarches des armées impériales et françaises, par Oettinger et Seutter. (2 feuilles.)

Situation von dem den 3ten und 4ten September 1743 zu Nacht
tentirten Passage des Rheinstroms bei Breisach, und von der
Linie von Germersheim, welche den 27sten September 1743 ver-
lassen wurde.

Passage des Autrichiens dans l'isle de Reinach en 1743.

Plan du camp d'Erstein en Alsace à 4 lieues de Strasbourg, aux ordres de
M. de Saint-Pierre et du marquis de Voyer. 1753.

Carte générale du Théâtre de la guerre, de 1792 à 1794 et an v.

Grenze und neue Vorstellung des Rheinstroms von Basel bis Coblentz,
nebst neu beschriebener Feldzüge vom Jahr 1792 und 1793, von
Pedetté. (4 feuilles.)

Carte du cours du Rhin et des pays adjacents, de Plobsheim et Strasbourg
à Rheinfeld, pour servir à l'intelligence des opérations militaires depuis le mois de mai 1792 au 21 oct. 1794.

Plan der Gegend von Schweighausen. 1793.

Karte des Kriegsschauplatzes zwischen der Saar und dem Rhein.
1793.

Carte générale pour servir à l'intelligence des campagnes du Prince de
Condé. 1793 à 1801.

Plans des campagnes de Berstheim près Hochfelden, le 2 et 8 décembre
1793.

Kriegstheater der deutschen und französischen Grentzländer zwi-
schen dem Rhein un der Mosel im Jahr 1794. (6 feuilles.)

Théâtre de la guerre. Cours et bassin du Rhin. 1794. (10 feuilles.)

Plan détaillé des attaques et de la défense de la ville et du fort de
Kehl et du camp retranché, depuis le commencement d'octobre
1794 jusqu'au 4 juin 1797, levé par les officiers autrichiens du
génie.

Carte du cours du Rhin à Kehl, pour servir à l'intelligence du passage
du Rhin du 6 Thermidor iv (24 juillet 1796), à laquelle l'on a joint les
travaux des Français et des Autrichiens pendant le siége de Kehl par
l'armée de l'archiduc Charles.

Papillon pour le siège de Kehl qui représente la position des Français
jusqu'au 1er janvier 1797.

Carte du cours du Rhin près de Diersheim, pour servir à l'intelligence
du passage du 1er Floréal v (20 avril 1797).

Militärische Karte von Frankreich. 1814.

Carte du théâtre de la guerre pendant la campagne de 1814.

G. CARTES DU DÉPARTEMENT DU BAS-RHIN.

Alsatia inferior. 1594.
Alsatia inferior, par Daniel Speckel. 1608.
Alsatia inferior, par J. Janson.
Landgraviatus Alsatiæ inferioris novissima Tabula, auct. Nicol. Visscher.
Département du Bas-Rhin, décrété le 13 janv. 1799 par l'Assemblée nationale.
Carte du département du Bas-Rhin. 1793.
        Idem   1800.
Département du Bas-Rhin. 1825.
Niederrheinisches Departement. 1825.
Bas-Rhin. 1833.
Département du Bas-Rhin, divisé en quatre districts, par Poirson.
Département du Bas-Rhin, extrait de la Carte topographique de la France, dressée par les officiers de l'état-major et gravée sous la direction du général Pelet. Paris, 1838. (6 feuilles.)
Bas-Rhin. 1839.
Département du Bas-Rhin, par Levasseur. Paris.

H. CARTES DE PARTIES DU DÉPARTEMENT DU BAS-RHIN.

Chorographia Argentorati Alsatiæ metropolis, auct. Math. Seuthero. *Aug. Vind.* 1706.
Carte très-particulière des environs de la ville de Strasbourg, avec toutes les subdivisions y comprises, tirée de l'original de M. Senger, secrétaire de M. le marquis de Vaubrun.
Carte des environs de la ville de Strasbourg, dressée par Striedbeck.
Strasbourg. Feuille n° 8 de l'Atlas national, par Piquet.
Carte topographique des environs de Strasbourg, d'après les plans du cadastre, par Massinger. 1838.

Ager Niederbrunnensis, par Striedbeck. 1753.
Carte topographique des environs de Niederbronn. Strasbourg, 1850.
Carte des environs de Niederbronn. Paris.

Charte von der Grafschaft Hanau-Lichtenberg. 1787.
Charte de la contrée depuis Strasbourg à Landau, par Jean Maillard.
Der District Weissenburg.
Der District Hagenau.

Carte des pays situés entre le Rhin et la Sarre, depuis Spire jusqu'à Haguenau, par RHEINWALD.

Charte der Gegend zwischen Strassburg und Colmar. Strassburg,
1839.

Le comté du Ban-de-la-Roche, par J. F. OBERLIN.
      Idem   par MERLIN. Paris, 1824.
Carte topographique de l'embranchement des montagnes du Haut-Champ
dans les Vosges, comprenant sur leur revers le Ban-de-la-Roche, par
H. G. OBERLIN. 1806.
Carte du Ban-de-la-Roche et de ses environs. Strasbourg, 1831.

Carte des environs de Saverne, Phalsbourg, Bouxwiller, etc. Strasbourg,
1849.

Plan du mont de Sainte-Odile. 1727.
Odiliani montis monumenta, par WEISS. 1751.
Charte der umliegenden Gegend des Odilienbergs, von SILBERMANN.
Strassburg, 1784.
Plan topographique de l'enceinte antique du mur payen situé autour de
la montagne Sainte-Odile, dressé par M. THOMASSIN sous la direction
de J. G. SCHWEIGHÆUSER. 1825.
Topographischer Plan der Hohenburg und der Heidenmauer, von
SCHNEIDER. 1844.

Carte des environs de Schletstadt, par PERSON. 1692.
      Idem   de Fort-Louis, *idem.*
      Idem   de Strasbourg, *idem.*
      Idem   de Landau et Wissembourg, *idem.*

TABLE.

www.ingramcontent.com/pod-product-compliance
Lightning Source LLC
Chambersburg PA
CBHW072222270326
41930CB00010B/1960